"通古察今"系列丛书

古代希腊与中国的"他者"意识

李渊 著

河南人民出版社

图书在版编目(CIP)数据

古代希腊与中国的"他者"意识 / 李渊著. — 郑州：河南人民出版社，2019.12(2025.3 重印)
("通古察今"系列丛书)
ISBN 978-7-215-12038-9

Ⅰ．①古… Ⅱ．①李… Ⅲ．①比较文化-中国、古希腊 Ⅳ．①G04

中国版本图书馆 CIP 数据核字(2019)第 271021 号

河南人民出版社 出版发行
(地址：郑州市郑东新区祥盛街27号 邮政编码：450016 电话：0371-65788077)
新华书店经销　　环球东方(北京)印务有限公司印刷
开本　787mm×1092mm　　1/32　　印张　4.875
字数　64千
2019年12月第1版　　　　　2025年3月第3次印刷

定价：48.00元

"通古察今"系列丛书编辑委员会

顾　问　刘家和　瞿林东　郑师渠　晁福林
主　任　杨共乐
副主任　李　帆
委　员　(按姓氏拼音排序)
　　　　安　然　陈　涛　董立河　杜水生　郭家宏
　　　　侯树栋　黄国辉　姜海军　李　渊　刘林海
　　　　罗新慧　毛瑞方　宁　欣　庞冠群　吴　琼
　　　　张　皓　张建华　张　升　张　越　赵　贞
　　　　郑　林　周文玖

序　言

在北京师范大学的百余年发展历程中，历史学科始终占有重要地位。经过几代人的不懈努力，今天的北京师范大学历史学院业已成为史学研究的重要基地，是国家首批博士学位一级学科授予权单位，拥有国家重点学科、博士后流动站、教育部人文社会科学重点研究基地等一系列学术平台，综合实力居全国高校历史学科前列。目前被列入国家一流大学一流学科建设行列，正在向世界一流学科迈进。在教学方面，历史学院的课程改革、教材编纂、教书育人，都取得了显著的成绩，曾荣获国家教学改革成果一等奖。在科学研究方面，同样取得了令人瞩目的成就，在出版了由白寿彝教授任总主编、被学术界誉为"20世纪中国史学的压轴之作"的多卷本《中国通史》后，一批底蕴深厚、质量高超的学术论著相继问世，如八卷本《中国文化发展史》、二十卷本"中国古代社会和政治研究丛书"、三卷本《清代理学史》、五卷本《历史文化认同与中国统一多民族国家》、二十三卷本《陈垣全集》，以及《历史视野下的中华民族精神》《中西古代历史、史学与理论比较研究》《上博简〈诗论〉研究》等，这些著作皆声誉卓著，在学界产生较大影响，得到同行普遍好评。

除上述著作外，历史学院的教师们潜心学术，以探索精神攻关，又陆续取得了众多具有原创性的成果，在历史学各分支学科的研究上连创佳绩，始终处在学科前沿。为了集中展示历史学院的这些探索性成果，我们组织编写了这套"通古察今"系列丛书。丛书所收著作多以问题为导向，集中解决古今中外历史上值得关注的重要学术问题，篇幅虽小，然问题意识明显，学术视野尤为开阔。希冀它的出版，在促进北京师范大学历史学科更好发展的同时，为学术界乃至全社会贡献一批真正立得住的学术佳作。

当然，作为探索性的系列丛书，不成熟乃至疏漏之处在所难免，还望学界同人不吝赐教。

北京师范大学历史学院
北京师范大学史学理论与史学史研究中心
北京师范大学"通古察今"系列丛书编辑委员会
2019 年 1 月

目 录

前　言 \ 1

一、古希腊语 βάρβαρος 与 βαρβαρόφωνος 词义考释 \ 4

（一）"荷马史诗"中的 βαρβαρόφωνος 之含义 \ 5

（二）古风时代 βάρβαρος 含义的变化 \ 9

二、古典时代的希腊人蛮族观
　　——以《历史》与《波斯人》为例 \ 13

（一）《历史》中的蛮族观念 \ 14

（二）埃斯库罗斯《波斯人》中的蛮族观念 \ 24

（三）希罗多德与埃斯库罗斯蛮族观念蕴含的时代特征 \ 32

三、希腊化时代希腊人的蛮族观念 \ 41

（一）融合与对立 \ 43

（二）血缘与文化对族群认同的影响\47

（三）政治因素的影响力\62

四、《尚书》周人称"夏"考\72

五、《左传》中的楚庄王事迹与楚人的华夏认同意识\80

（一）楚庄王问鼎与楚人的政治态度\81

（二）庄王论"武德"与楚人对华夏文化的认同\90

（三）楚人的血统问题\97

六、论先秦时期夷狄认同华夏的观念\107

（一）血缘关系对夷狄认同华夏的影响\108

（二）文化对夷狄认同华夏的影响\112

（三）政治、血缘、文化三者的关系及其对夷狄认同华夏的影响\116

七、古希腊人、先秦华夏人之异族观念的比较\123

参考资料\133

中文参考资料\133

英文参考资料\139

前 言

　　古代希腊人和先秦华夏人的"他者"意识，对后来的中西历史有着较为深远的影响。古希腊人的蛮族观念后来为罗马等人群所继承并有所发展，而先秦时期形成的夷狄观念在后世也不断发展演变，但二者的走向却有所不同，本书试图从源头上分析二者的异同，以便更深刻地了解二者的特质，并以西方为参考，以更好地认识中国古代族群观念的特点。

　　古代希腊人、先秦华夏人在认识自我与他者时，文化因素发挥着重要影响，但血缘、政治等因素也同样产生着作用，三种因素相互纠缠，在古代希腊、中国产生了不同的影响；而他们的意识作用于所谓的异族，也在异族产生了反响，这从一个侧面亦可看出希腊人与华夏人群他者意识的重要影响力。本书在

古代希腊与中国的"他者"意识

对古希腊、先秦的自我认同和他者观念作分别研究的基础上,尝试对二者的异同作出比较。《古希腊语 βάρβαρος 与 βαρβαρόφωνος 词义考释》通过展示早期文献中古希腊语中"蛮族"概念的发展变化以反映希腊人早期他者意识的演变;古典时代是希腊人与异族冲突和交往密切的重要时期,《古典时代的希腊人蛮族观——以〈历史〉与〈波斯人〉为例》通过对古典时代史学家、文学家作品中蛮族观念的分析,展示了是时希腊人区分自我与他者的主要特征;《希腊化时代希腊人的蛮族观念》则重视考察希腊化时代希腊人"蛮族"观念的地域性特征。在中国先秦华夏的异族观念研究方面,《〈尚书〉周人称"夏"考》思考了周人称夏这一历史现象,探讨早期华夏共同体认同中所体现的历史连续性。对先秦时期华夏人群观念中的华夷之别,学术界已经有较多分析,多强调华夷之别在于文化而非血统,从春秋时期的历史看,这种观点是有一定的道理的,但其背后也有更深刻的原因。值得注意的是,华夏对华夷之别的认识,也影响了所谓的夷狄人群,而一些夷狄在华夏化的过程中,也受到了华夏观念的影响,《〈左传〉中的楚庄王事迹与楚人的华夏认同意识》和《论先秦时期夷狄认同华夏的观念》则正是从华夏文献中对所谓夷狄的记载出发，探讨其观念中的认同意识，以加深对此问题的认识。这些记载虽然带有一定的偏见，但也能说明，在春秋时期，夷夏界限已经逐渐被打破，而其中起到关键性作用的则是文化和政治认同，而血缘认同所发挥的作用则相对有限。最后对古希腊人、先秦华夏人之异族观念的比较也是本书的结语，是通过对两种观念发展历史的比较，探讨血缘、文化和政治作为区分人群的三个重要因素，何以在古代中国与希腊的人群识别中发挥着不同的影响。

此书中所收录的内容以笔者近年来发表的相关论文为主，并根据需要作了一定修改，统一了内容。书中如有不当之处，还请读者谅解。

书中研究成果的取得，要特别感谢我的两位老师，易宁教授和刘家和教授，在我攻读博士和博士后工作期间，两位老师都对我的学业和生活给予了无微不至的关心。感谢北师大历史学院对本书出版提供的资助。最后，感谢河南人民出版社的领导和编辑老师，他们对本书出版提供了大力帮助。

一、古希腊语 βάρβαρος 与 βαρβαρόφωνος 词义考释

古希腊语 βάρβαροι（单数为 βάρβαρος）一词，意为"所有说非希腊语的族群"[1]，中译一般作"蛮族"（本书从传统文献角度使用"蛮族""夷狄"概念，除特殊情况，下文不再使用引号）。此词与另一个希腊语词 βαρβαρόφωνων 的含义及其联系，自古以来就存在很多争议，其中涉及古希腊人蛮族观念的变化问题。这里拟辨析西方学者的有关论说，并且略陈管见。

---

[1] H.G.Liddell and R.Scott, *Greek-English Lexicon*, *with a Revised Supplement*, Clarendon Press, 1996, p.306.

一、古希腊语 βάρβαρος 与 βαρβαρόφωνος 词义考释

（一）"荷马史诗"中的 βαρβαρόφωνος 之含义

"荷马史诗"《伊利亚特》第二章"船表"有一句话，拉铁摩尔英译本作：

> Nastes commanded Karians in their own tongue, men of Miletos, Phthiron's leafy ridge.[1]

按，此处的 in their own tongue 是对古希腊语 βαρβαρόφωνων 的英译。这句话的意思是，纳斯忒斯率领着 βαρβαρόφωνων（"说非希腊语的"[2]）卡利亚人，他们是米利托斯和树叶茂密的佛提瑞斯山来的人。[3]罗念生、王焕生先生据希腊文原文所作的中文翻译，

---

[1] Homer, *The Iliad*, 867. 本书所引用古代希腊文献来自 Loeb 丛书，下同。

[2] 释义见科克主编《伊利亚特》注释本, G. S. Krik, *The Iliad Commentary*, Cambridge University Press, reprinted 1985, p.260。

[3] Homer, *Iliad*, II. 867–868.

意思基本相同。[1]

上引《伊利亚特》中的 βαρβαρόφωνων 原型为 βαρβαρόφωνος，希腊语还有一个词，即 βάρβαρος，在传世文献中此词最早出现在公元前六世纪（详下文）。βάρβαρος 与 βαρβαρόφωνος 的联系，自古以来就引起学者们的关注。古希腊史家修昔底德指出，"荷马史诗"中没有出现 βάρβαροι 一词。[2] 然而他对《伊利亚特》中出现的 βαρβαρόφωνων 则未作讨论。古希腊学者阿波罗多鲁斯认为，βάρβαρος 的复数属格不符合"荷马史诗"的韵律要求，所以史诗弃之不用，而用了 βαρβαρόφωνος 的复数属格。[3] 在阿波罗多鲁斯看来，βάρβαρος 与 βαρβαρόφωνος 两个词的意思相连，而且在荷马时代均已经出现。古希腊地理学家斯特拉波的看法则不同。他指出，βάρβαρος 应该先出现，才可能说卡利亚人是 βαρβαρόφωνος，形容卡利亚人语言听起

---

[1] 罗念生先生译作"讲外国话的"，见《伊利亚特》，罗念生、王焕生译，上海人民出版社，2004年，第64页。

[2] Thucydides, *History of the Peloponnesian War*，I.3.

[3] 转引自斯特拉波《地理学》，见 Strabo, *The Geography of Strabo*, 14.2.28。

一、古希腊语 βάρβαρος 与 βαρβαρόφωνος 词义考释

来粗糙。[1] 也就是说,先有了蛮族,才有"蛮族的"(即"说不好希腊语的")一词,这就表明了希腊人将卡利亚人视为蛮族。[2] 至于阿波罗多鲁斯所谓 βάρβαρος 的复数属格不符合史诗韵律的看法,斯特拉波认为,史诗也可以用 βάρβαρος 的复数主格 βάρβαροι,后者是符合韵律的。史诗提到达尔达尼亚人时,就用了其主格 Δάρδανοι。[3]

在现当代西方古典学的研究中,有关 βάρβαρος 与 βαρβαρόφωνος 的联系问题,依然存在争议。例如,德国学者多莉认为,βάρβαρος 是 βαρβαρόφωνος 的缩语词,晚于后者出现。[4] 多莉的观点可能有一定依据,《伊利亚特》中的 βαρβαροφώνων,可能是由 βάρβαρος

---

[1] Strabo, *The Geography of Strabo*, 14.2.28.
[2] βαρβαροφώνος 在"荷马史诗"中仅此一见,此处专指希腊人和卡里亚人的差异。
[3] 斯特拉波所引例子见 Homer, *Iliad*, XI. 286。
[4] 见 H. Dörries, *Die wertung der Barbaren im Urteil der Griechen*, in Stiehl and Lehmann eds., *Antike und Universalgeschichte*, Münster, 1972. 该文笔者未见,观点转引自 E. Hall, *Inventing the Barbarian*, *Greek Self-Definition Through Tragedy*, Oxford University Press, 1989, p.9, note 29。

和 φωνή 构成的，φωνή 有 "发出声音或语调" 的意思。[1]
不过，美国学者乔纳森·豪尔的看法则不同。他承认 "荷马史诗" 中的 βαρβαρόφωνων 可释作 "说不好希腊语的"。但他认为，βάρβαροι 最初可能来自苏美尔语的 bar-bar，[2] 意指 "外国人"，但可能没有从语言上区分异族人的意思。巴比伦语中有 barbaru 一词，意思等同于苏美尔语的 bar-bar。[3]

根据以上所引西方学者的观点，从词源上辨析 βάρβαρος 与 βαρβαρόφωνος 两者谁先出现，迄今仍是一个难以解决的问题。然而在词义的辨析方面，有一点是可以肯定的，即见于《伊利亚特》中 βαρβαρόφωνος，表述了希腊人从语言上把自己与卡利亚人区分开来的思想，[4] 反映出希腊人最早的蛮族观念。

---

[1] H. G. Liddell and R. Scott, *Greek-English Lexicon*, *with a Revised Supplement*, p.1907.

[2] 参见 J. M. Hall, *Hellenicity*, University of Chicago Press, 2002, p.112。

[3] 豪尔此观点引自恩斯特·威德纳，见 Ernst Weidner, *βάρβαρος*, *Glotta*, 4.Bd., 3.H.（1913）。

[4] 此类意思亦见于 "荷马史诗" 的其他地方。如《奥德赛》的第 8 章 294 有 ἀγριόφωνος 一词，指辛提埃斯人的话语是 "野蛮的声音"。

一、古希腊语 βάρβαρος 与 βαρβαρόφωνος 词义考释

（二）古风时代 βάρβαρος 含义的变化

尽管 βαρβαροφώνων 早在"荷马史诗"中已经出现，然而在现存的古风时代（公元前 8—6 世纪）的文献中，此词很少见到，而 βάρβαρος 则被使用。公元前 6 世纪时，βάρβαρος 有以下例子：

一是阿那克里翁的诗歌残篇，"罗伊布古典丛书"中阿那克里翁著《希腊抒情诗》的英译文如下：

And silence the solecian speech, Zeus, lest you speak the language of barbarians.[1]

此段文字中的 language of barbarians 是形容词形式。乔纳森·豪尔的英译与此译文大体相同，[2] 此残篇的话，中译文可作"停下有语法错误的话吧，宙

---

[1] Anacreon, *Greek Lyric*, Harvard University Press, 1988, fr.423.
[2] 参见 J. M. Hall, *Hellenicity*, p.112。

斯，以免说出蛮族的语言"[1]。值得注意的是，这里的βάρβαρα与《伊利亚特》中出现的βαρβαρόφωνων有所不同，它并非专指某个异族的语言，而蕴含了泛指异族语言的意思。

二是赫拉克里特的残篇 D.107，现存于"罗伊布古典丛书"中塞克斯都著《反对逻辑学家》，英译文如下：

> Witnesses for men are eyes and ears when they have barbarous soul.[2]

---

[1] 汉译参考徐晓旭译文，见氏著：《古代希腊民族认同的形成》，复旦大学博士后出站报告，2003年，第75页。

[2] Sextus Empiricus, *Against the Logicians*, Harvard University Press, 1997. I.126. 塞克斯都在解释这段话时，将蛮族解释为"无理性的"，见 Sextus Empiricus, *Against the Logicians*, I.126. 不过，许多学者并不赞同塞克斯都将理性置于第一位的观点，参见 C. H. Karn, *The Art and Thought of Heraclitus*, Cambridge University, 1979, p.17. 汪子嵩等著《希腊哲学史》，人民出版社，1997年，第489页。有学者认为所谓的蛮族既包括在语言，也包括在理性方面缺乏 logos 的人，见徐晓旭《古代希腊民族认同的形成》，复旦大学博士后出站报告，第75页。

一、古希腊语 βάρβαρος 与 βαρβαρόφωνος 词义考释

卡恩将 βάρβαρος 解释为蛮族。[1] 因此此残篇的话中译文可作："眼睛和耳朵是坏的见证，如果人们有蛮族的（βάρβαρους）灵魂的话。"[2] 按，此条残篇中的 βάρβαρους，亦有指所有异族的意思。关于此条残篇的意思，努斯鲍姆的解释是，赫拉克利特用该词批评某些希腊人不能理解自身的语言，尽管他们有把自己与蛮族人区分开来的思想，但他们希腊语的理解能力不比蛮族人高明。[3]

上引残篇及西方学者的解释表明，至公元前 6 世纪时，希腊人的蛮族观念已发生了变化：βάρβαροι 并非专指某个异族，而蕴含了泛指异族的意思。

据现存的文献，βάρβαροι 明确地指所有异族的思想，最终形成于古典时代。希腊人与波斯人的战争，促使了希腊人的蛮族观念发生重大变化。埃斯库罗斯的《波斯人》明确地把所有异族称为蛮族。[4] 他的作品

---

[1] C. H. Karn, *The Art and Thought of Heraclitus*, p.35, 107.
[2] 中译文参考汪子嵩等著《希腊哲学史》，489 页。
[3] Martha C. Nussbaum, *Ψyxh in Heraclitus*, *I*, Phronesis, Vol.17, No.1（1972）, p.10.
[4] Aeschylus, *Persians*, 434.

中，还保留了蛮族语言和希腊语之间的差异性。[1] 而古典时代 βάρβαροι 含义不仅反映在语言方面，而且也反映在血缘、品性和文化方面。柏拉图说"我们是血统纯正的希腊人，没有和蛮族混合"[2]。亚里士多德视蛮族人为奴隶[3]。他认为，蛮族人天生就有容易被奴役、怯懦等品性。这种特性虽带有一定的政治色彩，但也是文化的反映。因而，古典时代的 βάρβαροι 一词，反映了希腊人已经把所有的异族都视为落后的、未开化的对立面，从诸多方面加以贬抑，以示与自己的区别。至古典时代后期到希腊化时代，希腊人的蛮族观念仍在不断变化，这反映了希腊历史的变化对他们的思想所产生的深刻影响。

---

[1] Aeschylus, *Persians*, 635.

[2] Plato, *Menexenus*, 245 c–d.

[3] Aristotle, *Politics*, 1255a29.

二、古典时代的希腊人蛮族观
——以《历史》与《波斯人》为例

古典时代希腊人对蛮族的认识是希腊史研究的热点之一,而希腊人以何种手段区分自我和蛮族又是其中的关键点。史学家希罗多德和悲剧作家埃斯库罗斯对异族的认识,不仅能够在一定程度上代表当时希腊人,特别是雅典等城邦的看法,而且在很大程度上影响了希腊人蛮族观念的发展。希罗多德曾通过雅典人之口说出:"全体希腊人在血缘和语言方面有亲属关系,我们祭祀诸神和奉献牺牲的圣地是共有的,我们生活习惯也相似。"[1] 希罗多德提到的四重标准虽然主要针对希腊人的自我认同,但也是研究古希腊蛮族观

---

[1] Herodotus, *The Histories*, VIII.144.

念的重要参考。[1] 古典时代的希腊社会较为复杂,不同的城邦和个人对蛮族可能有不同的看法,未必都遵照这四重标准。希罗多德和埃斯库罗斯的蛮族观念是否一致?以他们为代表的古典时代希腊人在对蛮族和希腊人展开不同描述的基础上,能否形成共识?这都是此处将讨论的问题。

(一)《历史》中的蛮族观念

希罗多德处于埃斯库罗斯之后,但他在《历史》

---

[1] 学术界近年来对古典时代的蛮族形象问题研究著作较多,近年来影响较大的著作有 Edith Hall, *Inventing the Barbarian, Greek Self-Definition Through Tragedy*, Clarendon Press, 1991. Jonathan M. Hall, *Hellenicity: Between Ethnicity and Culture*. Paul Cartledge, *The Greeks: A Portrait of Self and Others*, Oxford University Press, 2002; Lynette Mitchell, *Panhellenism and the Barbarian in Archaic and Classical Greece*, Gomer Press, 2007. 此外,Coleman and Clark A. Walz (eds.), *Greeks and Barbarians. Essays on the Interactions Between Greeks and Non-Greeks in Antiquity and the Consequences for Eurocentrism*, CDL Press, 1997; Thomas Harrison (ed.), *Greeks and Barbarians*, Edinburgh University Press, 2002 等论文集中收录的不少文章也涉及了蛮族问题。这些作品大多数注意到了希罗多德在蛮族问题上的看法。其中卡特里奇等人的作品已涉及了希腊人之间对蛮族认识的差异性。

二、古典时代的希腊人蛮族观

中对希腊人族群认同的表述,使他成为古希腊人中对此问题研究具有代表性的人物。他所提到的四点因素在确定"希腊人"内涵的同时,也限定了希腊人的外延,特别是在这段对话发生在希波战争的历史背景下,谈话很明显针对波斯等蛮族,因此它们也应当被视为希腊人和蛮族人的区别。在《历史》中,雅典人认为全体希腊人之间的共同性主要体现在四点:共同的血缘、语言、宗教信仰以及生活习惯。而后三者都可以被视为广义的文化因素,因此,这里提到的标准主要集中于血缘与文化方面(当然,所谓的血缘联系也往往来自于后世建构,与真实情形存在差异,但对古希腊人而言建构的血缘同样具有意义)。同时,由于历史著作具有两重性,既是对过去的回忆,也是作者观念的反映,希罗多德并未对这段话提出批评,因此它也可以体现希罗多德对此问题的认识。不过,这四项标准只是对此问题的概括性认识,除此之外,希罗多德在《历史》中还多次通过具体事例展现希腊人与蛮族的区别,而这些记载与前述四项标准是否吻合还需进一步分析。

血缘在希罗多德提到的标准中列于首位。不过,排列顺序并不能证明血缘一定是最重要的——乔纳森·豪尔认为,希罗多德所提到的四项标准的重要性依次递增,血缘反处于较弱地位。[1] 然而,早在古风时代血缘对希腊人认同就有重要意义,至迟在公元前6世纪左右,希腊人内部已构建起以希伦为共同祖先的谱系,[2] 将所有希腊人都视为希伦的子孙。这一点在古典时代也常被人所提及,[3] 它是希腊人内部团结的基础,也是希腊人与异族区分的标志。希罗多德自然了解这一点。作为关注各族群历史的学者,希罗多德重视族群的起源,但无论是对希腊人还是对异族血缘的探讨方面,希罗多德都表现出了某些与希腊传统不同之处。他曾谈及希腊人的族群起源,"在多里安人中的主要人群是拉凯代孟人,而伊奥尼亚人中的主要人群是雅典人,在古代伊奥尼亚人的祖先是皮拉斯基人,

---

[1] Jonathan M. Hall, *Hellenicity: Between Ethnicity and Culture*, p.189.

[2] 参见 *Catalogue of Women*, fr.9, 转引自 Jonathan M. Hall, *Ethnic Identity in Greek Antiquity*, Cambridge University Press, 1997, pp.40–44。对此问题的研究还可见 West, *The Hesiodic Catalogue of Women: Its Nature, Structure, and Origins*, Oxford University Press, 1985, pp.57–60。

[3] Thucydides, *History of the Peloponnesian War*, I.3.1–3.

而多里安人是希腊人"[1]。希腊人内部存在多里安、伊奥尼亚等次一级群体，这是希腊人的共识，也与希伦谱系相一致，由此希腊人认为多里安、伊奥尼亚等次一级群体之间具有共同血缘，这也是前述"全体希腊人在血缘方面有亲属关系"的原因。而希罗多德认为伊奥尼亚人和多里安人有不同的起源，这在很大程度上否定了雅典人和斯巴达人的血缘关系，更重要的是，作为皮拉斯基人的雅典人原先并非希腊人，但却可以转化为希腊人。这说明希腊人和其他族群之间并不存在绝对界限。因此，以血缘判定是否属于希腊人在很大程度上丧失了效力。

由此，希罗多德在血缘问题上表现出明显的两面性。一方面，他在观念中仍然承认希腊人之间的虚拟血缘对自身认同以及与蛮族的区别有重要意义；但另一方面，作为历史学之父，他又在不断探求希腊人和蛮族真实的血缘演变，并在此过程中发现以血缘为标准识别族群具有很大的局限性，并不能作为希腊人与蛮族的界限。此时他只能将目光转向了其他方面。

---

[1] Herodotus, *The Histories*, I.56.

古代希腊与中国的"他者"意识

希罗多德在书中不止一次提到语言在族群识别中具有重要作用。如前所述,他曾提到一只从埃及飞来的鸽子口吐人言,命令希腊人建立一座宙斯神谕所。他本人对这个传说不以为然,因为鸽子不可能说话,真实情况应是埃及人来到了希腊人当中学会了希腊语。[1] 不过,这暗含了希腊人对外族语言的认识:蛮族语言与希腊语的区别等同于鸟语与人类语言的差异,语言差异中已蕴含着希腊人对异族的歧视。语言作为族群区分标志和证明希腊人优越性的证据,此观念与蛮族一词的希腊语起源有密切联系,至古典时代该词的含义虽然有扩大,但并未彻底摆脱原始含义,因此希罗多德持有这种观点并不足为奇。他在《历史》中还提到,其他族群中也有称使用外族语言的人为蛮族的现象,埃及人就将使用包括希腊语在内其他语言的人称为蛮族,[2] 说明希罗多德认为以语言区分异族不仅是希腊人的意识,而且是人类社会的普遍观念,语言标准的作用由此扩大到了全人类。这种语言区分人群

---

[1] Herodotus, *The Histories*, Ⅱ.55–57.

[2] Herodotus, *The Histories*, Ⅱ.158.

二、古典时代的希腊人蛮族观

的观点,在古代希腊早已出现。[1] 不过,语言障碍虽阻碍族群交流,但语言也具有后天可学习的特性,因此可以成为族群身份转变的因素。希罗多德提到,皮拉斯基人转化为雅典人的标志就是学会了雅典语言。[2] 因此,语言对于族群识别也就具有了两面性,一方面,它仍然是区别不同族群的标志;而另一方面,它又成了实现族群身份转换,特别是蛮族人向希腊人转变的重要手段。由此,语言作为决定是希腊人还是蛮族身份中的主要因素之一,其重要性可能还高于血缘。

宗教与祭祀是希罗多德在族群问题上树立的另一标准,他在《历史》中也确实对宗教信仰予以关注,特别对波斯、埃及等国的宗教都详加介绍。他认为宗教活动对希腊人与蛮族的区别有重要作用。《历史》中提到:"波斯人所遵守的习惯,据我所知是这样的:他们没有设立神像、神庙和祭坛的习惯,而认为做这些东西的人们是愚蠢的。在我看来,这是因为他们不像希腊人那样相信神和人是相似的。他们将整个天空称

---

[1] Edith Hall, *Inventing the Barbarian*, *Greek Self-Definition Through Tragedy*, pp.19–21.

[2] Herodotus, *The Histories*, I.57.

为宙斯,到群山的最高峰上向其献祭。他们同样地向太阳和月亮,向大地,向火,向水,向风奉献牺牲。这些神是他们仅有的那些从最初就开始献祭的诸神。后来他们又向亚述人和阿拉伯人学习,又崇拜'神圣的'阿弗洛狄忒。她被亚述人称为米利塔,被阿拉伯人称为阿利拉特,被波斯人称为米特拉。"[1]希罗多德认为,波斯人的宗教信仰与希腊人存在着很大差异,首先在某些细节上,如神像、神殿、祭坛等是希腊人宗教崇拜中的重要组成,却都被波斯人视为愚蠢行为,这就表现出二者在宗教上的差异;另外,希罗多德虽然未明确地以宗教区分波斯人和希腊人,但在描述中他总是有意识地以希腊人的宗教活动为参照物,与波斯人的宗教作对比,从而构建出二者的对立感。可见,希罗多德对以宗教区分希腊人和蛮族的重要性有一定认识。除了祭祀之外,从古风时代开始运动会就对区别希腊人和异族有重要作用,而运动会往往与宗教圣地相联系。《历史》中的运动会也可以反映出民族观念,马其顿人亚历山大试图参加奥林匹亚运动会,但被希

---

[1] Herodotus, *The Histories*, I.131.

二、古典时代的希腊人蛮族观

腊人拒之门外，理由是该项活动只对希腊人开放，而亚历山大只有在证明了希腊血统之后才得以参加运动会。[1] 尽管希罗多德记载此事可以证明血缘的重要性，但也从一个侧面反映出此类运动会与血缘相结合，带有明显的排外性质，将蛮族人与希腊人区别开，而这种作用也被希罗多德所认可。运动会也同祭祀活动一样，成为希腊人同蛮族之间的界限。

不过，希罗多德认识到希腊人和蛮族在宗教上的差异并非绝对。在考察中，他不得不承认东方文化，特别是埃及的宗教对希腊人有重要影响，二者之间有很强的一致性。例如，埃及人创造了十二神祇，修筑祭坛等行为都被希腊人所模仿，甚至古希腊神灵名称也有很多辗转来自于埃及。[2] 这些都对以宗教划分希腊人和蛮族的观念提出了挑战，但希罗多德还是如实地将其记录在《历史》中。

在希罗多德的四项标准中，生活习俗最受其重视。有学者称：希罗多德就是一位人类学家，总是在不断观察着其他族群的生活习惯，并用希腊人的眼光将其

---

[1] Herodotus, *The Histories*, V.22.

[2] Herodotus, *The Histories*, II.4; 50; 64.

描述出来。[1] 比如他曾描述埃及人的生活习惯："他们中间，妇女从事买卖，男子则坐在家里纺织，其他人纺织时把纬线拉到上面去，而埃及人则拉到下面来，男子用头顶着东西，妇女则用肩膀挑东西，妇女小便时站着，男子小便时却蹲着——妇女不能担任男神或者女神的祭祀，而男子则能担任男神或女神的祭祀，儿子不被强迫赡养老人，而女儿即使不愿意，也必须赡养双亲。"[2] 在希罗多德看来，埃及人此类习惯非常值得注意，它们恰恰与希腊人相反，对希腊人而言属于陌生的事物。类似现象在其他人群中也存在。尽管他在介绍完这些人的习惯之后，总是用关于埃及人或者其他族群的习惯，"我所知道的就是这些"来结尾，但作为经历丰富的历史学家，希罗多德所了解的信息不止于此，而他常常挑选这些内容进行记载，说明他更关注蛮族习俗中与希腊人明显不同的现象。因此，这类记载就摆脱了单纯的历史学研究，而具有了更深刻的含义：以希腊习惯为标准考量其他族群的习惯，

---

[1] James Redfield, "Herodotus the Tourist", *Classical Philology*, Vol.80, No.2, pp.97–118.

[2] Herodotus, *The Histories*, II.35.

二、古典时代的希腊人蛮族观

对其中的差异予以重点关注。生活习惯成为希罗多德区别希腊人和蛮族人的手段。类似的例子在书中还有很多。虽然希罗多德很少直接提到某种或某类习惯是希腊人所特有的，可以作为希腊人和蛮族之间区分的标志，但他对蛮族习惯的介绍方式中就体现了希腊人和蛮族对立的观念。因此，生活习惯同其他成分一样，就如同一面镜子，照出了希腊人的形象；[1] 同时又是一种手段，有助于构建蛮族观念。

不过，希罗多德虽然将生活习惯看作希腊人和异族的区别之一，但很少直接批评其他人群的生活习惯，而是以包容态度去看待他们。这与希罗多德对习俗本质的认识密不可分。学者们习惯于提到《历史》中的一个例子，波斯国王大流士曾经考察过各地风俗，发现对印度人而言，吃掉亲人的尸体是正常现象，而火葬则是极端可怕的行径，而对希腊人而言，情况则恰恰相反。[2] 希罗多德并未评价二者的优劣，他提到每

---

[1] 镜子之说见 François Hartog, *The Mirror of Herodotus: The Representation of the Other in the Writing of History*, University of California Press, 1988。

[2] Herodotus, *The Histories*, Ⅲ.38.

个族群都认为自己的习惯高于其他族群,这是人类的本性,用诗人品达的话而言就是"习惯是万物的主宰"。他同时提出,各族群的习俗应该是平等的,对本族群而言都值得尊重,因而不存在高下之分。因此,当他提到印度人吃逝去亲人的尸体,也只是为了用新奇的材料证明自身观点,而并未作出明确的价值判断。正因为希罗多德对蛮族的习惯相对开明,并不带有太多的歧视心态,这在某些希腊人看来显得对蛮族过于宽容,以至于他被一些人称为"热爱蛮族"的人。[1]

(二)埃斯库罗斯《波斯人》中的蛮族观念

埃斯库罗斯是古典时代最有名的悲剧作家之一,在其代表作《波斯人》中,他塑造了以"波斯人"为代表的蛮族形象,也由此成了古典时代最早描述蛮族与希腊对立的作家之一。尽管时至今日仍然有人讨论他

---

[1] Plutarch, *De Herodoti Malignitate*, 875a.

二、古典时代的希腊人蛮族观

的作品是否具有丑化蛮族的主题，[1] 但不可否认的是，波斯等蛮族在悲剧中表现出某些完全不同于希腊人的特征，这也与古典时代之前的异族形象有显著区别。[2] 埃斯库罗斯是用他自己的方式塑造着蛮族的形象。

在悲剧中，埃斯库罗斯并没有过多强调不同族群在血统上的差异。相反，他似乎有意消弭希腊人和蛮族人之间的此类区别。《波斯人》中，波斯国王大流士的遗孀阿托萨梦到了两位性格迥异的女性，她们分别代表着多里安人（希腊人）和波斯人，二人的个性冲突也代表了希腊人和蛮族的差异，但她们反而被塑造为姐妹。[3] 其实，希腊人和波斯人同源的传说有悠久的历史，也曾作为拉拢希腊人的手段而为波斯人所利用。[4] 即使埃斯库罗斯不接受希腊人和波斯人同源的传说，但在波斯战争后双方尖锐对立的背景下，他在

---

[1] 有关这一问题的争论可以参考埃里克·格伦所著《古代他者的再思考》（见 Erich Gruen, *Rethinking the Other in Antiquity*, Princeton University Press, 2011, p.10）。

[2] 古典时代以前文学作品中的异族形象可参见 *Inventing the Barbarian, Greek Self-Definition Through Tragedy* 的相关章节。

[3] Aeschylus, *Persians*, 180–196.

[4] Herodotus, *The Histories*, Ⅶ.150, 另可参见 Erich S. Gruen, *Rethinking the Other in Antiquity*, pp.253–357。

悲剧中加入这一情节,也说明他并不强调血缘对区别希腊人和蛮族的作用。

宗教等因素在《波斯人》中出现也不多。在《波斯人》中,埃斯库罗斯提到了波斯国王大流士的鬼魂,这种鬼魂不仅具有人的意识,而且能够"与神明同尊",同时能够享有人的祭品。这似乎与希腊人对待逝者的传统观念不同。不过,对这个问题还需要进一步分析。首先,古希腊的人、神界限并非始终明显,在《伊利亚特》等史诗中,神灵同人一样具有好恶和情感,而希腊人也并非绝对拒绝祖先崇拜,他们也有向死者献祭等活动,这一点与波斯并无太大区别。[1] 其次,埃斯库罗斯对东方宗教的了解程度也值得探讨:尽管古典时代希腊大陆的人们对波斯等东方族群宗教的了解整体看来是有限的,但波斯人和希腊人之间宗教的某些相似性在古典时代已经为部分希腊人所掌握,埃斯

---

[1] 瓦尔特·伯克特在《希腊宗教》对古希腊人祭祀逝者的活动有详细描述,其中,食物、蜂蜜、酒、油、牺牲之血等物品都是祭奠活动所必需的(Walter Burkert, *Greek Religion*, Harvard University Press, 1985, p.194)。

二、古典时代的希腊人蛮族观

库罗斯可能就是其中之一。[1] 因此,他对波斯人信仰的描述可能仅是根据剧情需要,而未必包含特殊的民族对立含义。特别是在《波斯人》中,他并未刻意地突出希腊宗教的特征,因此也未必有意要将希腊和波斯人的宗教作对比,因此,即使埃斯库罗斯在《波斯人》中表现出波斯人异于希腊宗教的特色,也不能由此断言他一定在悲剧中强调宗教作为区分希腊人和蛮族的手段。

应当说,埃斯库罗斯对波斯人与希腊人的语言冲突有所体现。《波斯人》中,阿托萨称自己的声音是"用蛮族语言"[2] 发出的。值得注意的是"蛮族"一词,它在《波斯人》中出现了不下十次,远远超过了古风时代的总和,[3] 并且已经突破了描述异族语言的意义,而成为希腊人对异族的统称。因此,所谓的"蛮族语言"可能同时具有语言和民族歧视的双重意味。不仅如此,在《波斯人》中希腊人所发出的声音庄严洪亮,而紧

---

[1] 参考 Olmstead, Albert Ten Eyck, *History of the Persian Empire*, University of Chicago Press, 1948, p.199, note12。

[2] Aeschylus, *Persians*, 635.

[3] E.Hall, *Inventing the Barbarian, Greek Self-Definition Through Tragedy*, p.57.

接着出现波斯人的声音则是嘈杂混乱的。[1] 艾迪森·豪尔关注到了这种蛮族的声音。埃斯库罗斯的安排显然是为了直接对二者作出比较,从而体现它们的差异;而其所要表现的不仅仅是不同族群之间的语言和声音的区别,更具有鲜明价值判断,一般而言,庄严的声音要比嘈杂的声音更为优秀,故声音的差异所表现出来的是波斯人比希腊人更为混乱和无序的特征。希腊人和蛮族的界限在对比中拉开,希腊人占据了较高的地位。

埃斯库罗斯更关注希腊人与蛮族之间的习俗差异。在悲剧中,埃斯库罗斯不止一次提到波斯人的主要武器是弓箭,[2] 而希腊人则以长矛、盾牌等为主。[3] 其实,希波战争双方在武器上并无太大区别,[4] 这点在希罗多德的《历史》等诸多作品中已有描述,弓箭对

---

[1] Aeschylus, *Persians*, 402; 406.

[2] 例如,Aeschylus, *Persians*, 239。

[3] 例如,Aeschylus, *Persians*, 240。

[4] 豪尔认为,埃斯库罗斯对武器的处理过于简单化,参见 E. Hall, *Inventing the Barbarian*, *Greek Self-Definition Through Tragedy*, p.85. 事实上,埃斯库罗斯的此类区分也并非绝对,希腊人在悲剧中也有使用弓箭的情况,见同书 460–1。

二、古典时代的希腊人蛮族观

波斯人虽然重要,但并非唯一的武器。无论是波斯国王还是士兵都同时使用弓箭与长矛,这在其钱币等物品上已经有所体现。[1] 同时,这种描述也不符合《伊利亚特》等早期希腊文学作品中对希腊人与东方敌人(特洛伊人)武器的描述,因此更像是悲剧的虚构。埃斯库罗斯所构建出来的武器上的对立有深刻的历史背景,在希波战争中希腊人以少胜多,使得希腊人认为自身比蛮族更加勇敢。[2] 为了突出这一特征,在文学作品中,希腊人往往使用长矛等近战工具,而波斯人由于胆怯,则只会使用弓箭,它背后体现出的是希腊人对蛮族人的鄙视和不屑。与此类似的还有悲剧中对二者生活方式的描写。波斯人的特点之一是生活奢侈,他们服装华丽,并且喜欢使用黄金,[3] 在埃斯库罗斯看来,这并非波斯人的特权,东方的其他族群,如吕底亚、巴比伦等都有类似的习惯,[4] 因此它是蛮族的共同特

---

[1] A. S. F. Gow, "Notes on the Persae of Aeschylus", *The Journal of Hellenic Studies*, Vol.48, part 2, p.156.

[2] E. Hall, *Inventing the Barbarian, Greek Self-Definition Through Tragedy*, p.42.

[3] Aeschylus, *Persians*, 3; 250.

[4] Aeschylus, *Persians*, 45; 53–54.

征。与之相比，希腊人的生活方式则较为朴素，虽然雅典人拥有银矿，但是银子为他们共同享有，成为反抗波斯暴政的工具，而非满足贵族的个人需求。[1] 从表面上看，这体现出希腊人与蛮族两种生活方式的差异。但希波战争后，波斯人奢侈的生活方式难以被希腊人接受，向波斯学习被认为是严重罪行，那些向异邦学习的希腊贵族也经常被冠以勾结波斯人的罪名。[2] 在埃斯库罗斯的作品中，有意夸大希腊人和波斯人在生活习惯上的区别，是因为朴素的生活值得赞美，而蛮族奢侈的生活方式则值得鄙视，这不仅与传统的希腊人，特别是雅典人的道德观念有关，而且也同希腊人与波斯的对立观念有密切联系。

在埃斯库罗斯的观念中，希腊人和波斯人的政治的差异至关重要。在《波斯人》中，这种观念通过阿托萨的梦境表现出来。梦中的两位妇女性格相反，薛西斯将她们束缚于车轭之下，代表波斯人的妇女以被

---

[1] Simon Goldhill, "Battle Narrative and Politics in Aeschylus' Persae", *The Journal of Hellenic Studies*, Vol.108, pp.189–193.

[2] Thucydides, *History of the Peloponnesian War*, 1.130, 可参考 Rudi Thomsen, *The Origin of Ostracism*, Gyldendalske, 1972, pp.98–99。

二、古典时代的希腊人蛮族观

统治为荣耀,温顺地服从缰绳的约束,而代表希腊人的妇女则折断了车辕,拖着车猛跑。[1] 显然,埃斯库罗斯希望用桀骜不驯的希腊人与驯服的蛮族作对比,表现二者在面临专制统治时的不同选择。在另一处地方,阿托萨和歌队之间的对话,则进一步将对立具体化,阿托萨问道:"谁像牧者那样位于他们(希腊人)之上,谁是他们的统治者?"歌队则回答:"他们不是任何人的奴隶,也不听命于任何人。"[2] 阿托萨对此极为困惑,因为缺乏君主领导的体制在波斯人看来难以理解。希腊人与蛮族人之间自由和专制的矛盾在此得以凸显。它已经超越了希罗多德的四项标准,但在《波斯人》中却应当最为重要,因为悲剧正是围绕希腊人反抗波斯入侵的主题展开,希腊人和波斯人的冲突也建立在此之上。不仅如此,在整个古典时代,以波斯为代表的蛮族专制制度是希腊人、尤其是雅典人极其反感的事情,[3] 成为希腊人与异族对立的重要标准之

---

[1] Aeschylus, *Persians*, 181–196.

[2] Aeschylus, *Persians*, 241–242.

[3] Lynette Mitchell, *Panhellenism and the Barbarian in Archaic and Classical Greece*, p138.

一。埃斯库罗斯本人曾经历过希波战争，与波斯人有直接接触；而雅典人在希波战争中付出的牺牲最大，[1]同时雅典的民主制度恰是专制制度最有力的对立面，因此作家与观众之间对此问题都有极深的印象。不难想象当埃斯库罗斯进行创作时，会很自然地以民主和专制的冲突作为希腊人与波斯之间的界限。

（三）希罗多德与埃斯库罗斯蛮族观念蕴含的时代特征

希罗多德和埃斯库罗斯的作品中，对希腊人和以波斯为代表的蛮族人之间的区别有不同认识。希罗多德在《历史》中对自己所提到的四项标准都有具体例证，但是他更倾向于以语言、宗教和生活习惯等作为划分希腊人和蛮族的标准，并且只是相对客观地叙述蛮族和希腊人的差别，对蛮族的特征较少直接作负面判断。而埃斯库罗斯则重视希腊人与蛮族之间自由与

---

[1] Jonathan M. Hall, *Hellenicity: Between Ethnicity and Culture*, pp.186–187.

二、古典时代的希腊人蛮族观

专制的冲突,[1] 也关注生活习惯等差异。与希罗多德相比,他笔下的蛮族形象带有更多的负面特征,蛮族被塑造成了无序、奢侈、懦弱的人群。

此外,希罗多德在书中表现出了矛盾性的一面,他既认识到蛮族的特征是区别希腊人与蛮族的重要标准,却又在写作中提出了不少相反的例子,证明蛮族在某些方面也具有与希腊人类似的属性,并不比希腊人低级,这些例子虽不会动摇他对区别族群的四项标准的认识,但却与古典时代很多希腊人的蛮族观念并不一致。而埃斯库罗斯的观点则相对统一,《波斯人》中整体上表现出希腊人和波斯人整体对立的观念。

这些差异与二人作品的特征密不可分。希罗多德不仅是历史学家,也被视为最早的人类学家之一。他在《历史》中提到的四种标准是希腊人对族群识别的概括性认识,因此有必要将其记录下来。而人类社会的复杂性决定了划分人类群体的各种标准都有其局限性,很难全面覆盖各种情形,他在游历和写作的过程

---

[1] 希罗多德的《历史》作为描述希波战争的史著,对希腊人的自由、法治与蛮族专制统治之间的对立也有一定关注,但不如埃斯库罗斯如此明显。

中常注意到不同族群习俗的差异，因此能够描述出希腊人和其他族群的区别；而他不断接触到新的情况，一再突破了其原有思维框架。作为历史学家，他既需要广泛搜罗材料，也需要如实地记录。这并非希罗多德思想前后矛盾，而恰恰反映了历史学家的严谨与诚实。与此同时，战后雅典人已形成了对波斯人相对固定的负面看法，埃斯库罗斯在悲剧创作中，使政治上与希腊人敌对的蛮族形象成为创作主题并不足为奇。文学创作需要依据作者的主题展开，这就使《波斯人》中以波斯为代表的蛮族形象能够保持一致性，客观上形成了希腊人与蛮族的鲜明对立。正是基于以上原因，二人对希腊人和蛮族人划分的认识有重大差异。

不过，在差异背后也能看到二人之间的一致性。首先，尽管希罗多德被认为是"热爱蛮族"的人，而埃斯库罗斯则对区分希腊人与蛮族人有一定看法，但这并不妨碍他们都将希腊人和蛮族人看作一组对立面。他们笔下希腊人与蛮族的区分标准很大程度上服务于此观念，而这是时代的产物。希腊人在希波战争获胜后仍面临着波斯的威胁，因此，构建以波斯为原型的蛮族形象是希腊人凝聚自身、抵抗外敌的需要，

二、古典时代的希腊人蛮族观

作为希腊人，二人都不可避免地受此观念影响。同时，蛮族观念也与某些城邦的利益有密切关系，蛮族观念在雅典最具生命力，这种现象并非只因为雅典在希波战争中受波斯人危害最大，也与它的政治需要有关：它需要强化所谓的蛮族威胁，以便巩固其领导下的、以对付波斯为目标的"提洛同盟"，从而实现帝国主义政策。[1] 希罗多德虽然成长于希腊人与波斯人交往密切的小亚地区，在多数时候能够以较宽容的心态去看待其他族群，但他曾长时间在雅典生活，其作品也为雅典人所熟知，[2] 因此他在很大程度上接受了雅典人观念的影响，具有浓厚的蛮族观念。希罗多德明确提到，《历史》就是为了记载希腊人和蛮族冲突的历史，并将双方的功绩记录下来。[3] 埃斯库罗斯生活的年代正是希腊人族群意识觉醒的时代，也正是提洛同盟势力扩张的时代，除了《波斯人》之外，《乞援女》等其他作品也体现出他所具有的蛮族观念。

---

[1] Perlman, "Panhellenism, the Polis and Imperialism", *Historia*, 25, p.29–30.

[2] J. Wells, "Herodotus and Athens", *Classical Philology*, Vol.23, No.4, pp.317–331.

[3] Herodotus, *The Histories*, Ⅰ.1.

在描述希腊人和蛮族人差异之时,二人都关注希腊人与蛮族间的文化差异。同时,他们不约而同地弱化了血缘因素的重要性。希罗多德虽然认为血缘可以作为族群区分的标准,但在历史现实中却发现这一套很难完全实现,而埃斯库罗斯在《波斯人》中则否定了这一标准。当然,这并非意味着血缘已经无足轻重,而是说在埃斯库罗斯和希罗多德观念中,族群区分中文化标准变得更加重要。这种变化与整个希腊族群对自我认同的变化发展轨迹相一致。美国学者埃迪森·豪尔认为,从希波战争之后,由于族群矛盾凸显,希腊人的自我认同方式经历了一次重大转变,即由原来的从内部凝聚的"内聚型"认同模式转变为从外部建构敌对族群,通过寻求与其他族群对立来强化希腊族群认同的"对立型"认同模式。[1] 而在"对立型"的认同模式下,文化因素比血缘因素具有更高的地位。

在希罗多德和埃斯库罗斯著作中,文化因素重要性上升绝非偶然。我们当然可以说历史和悲剧之间有着密切的关系,希罗多德对悲剧的熟悉毋庸置疑,他

---

[1] Jonathan M. Hall, *Ethnic Identity in Greek Antiquity*, Cambridge, 1997, p.47.

二、古典时代的希腊人蛮族观

应当也了解埃斯库罗斯的作品。但二者的联系性,更与二人构建以波斯为主的蛮族形象这一目的密切相关,只要这种需要存在,就必然需要某种最有效的手段维持希腊人和蛮族之间的区别。血缘标准具有一定的缺陷,在当时已经被某些希腊人所认识:例如,希腊人宣称自己均为希伦的子孙,并认为希伦的四个子孙形成了希腊人内部的几个次一级群体(它实际上反映出希腊人内部次一级群体的融合)。这种设想次一级群体的共同祖先是同胞兄弟的现象在人类历史上很普遍,中国古代也有类似现象。[1]因此,它本身就是历史建构过程。这种建构并不同于所谓"客观的"族群血缘,因此它并非稳定的,会随着时间而变化。希罗多德等人已经注意到,希腊人的形成就是不断有其他族群加入"希腊人"大家庭的过程,这些异族在此之后都以"希腊人"自居,反而忘记了原先的起源。由于血缘是建构的,不同的人为了各自目的可能对血缘会有不同的表述,如马其顿人的族属就存在争议,前述亚历山大的血缘争议就是一例。在此背景下血缘

---

[1] 关于此问题,可参考王明珂著《英雄祖先与弟兄民族》,中华书局,2009年,第46—47页。

很难有效地划分希腊人和蛮族的界限,其重要性下降也是必然之势。

而在此方面,文化标准的有效性要优于血缘,它不仅能够体现出希腊人与蛮族之间的差异性,而且更容易发掘与调整,甚至更容易建构,因而更适合希腊人与蛮族对峙的复杂局面的需要。与此同时,尽管希腊人和以波斯为代表的东方族群长期处于对立之中,但二者的交流并没有中断,无论是战争还是和平交往,都为二者提供了相互了解的机会。在此过程中,不少希腊人对自己与异族之间的文化区分非常清楚,无论是宗教特征还是生活习惯,抑或是政治制度,都比血缘更易引发注意,因此较之于血缘观念,文化因素更容易将希腊人和蛮族区别开来。这就是希罗多德和埃斯库罗斯都以文化区别与塑造蛮族的重要原因之一。

希罗多德和埃斯库罗斯主要以文化因素构建蛮族人形象的努力极具代表性,但这在古典时代绝非个别现象。尽管他们对蛮族的认识,特别是对蛮族特征的描述有所不同,其中有的人可能对于蛮族未必有明显歧视,而有的人则对蛮族具有很深的偏见。但这并不影响大多数希腊人对蛮族存有共识,他们至少都认为

二、古典时代的希腊人蛮族观

蛮族是处于希腊人的对立面,与希腊人有明显的区别,而区别主要集中于政治观念、生活习惯、语言等广义的文化方面。这也带来了另一方面的影响。由于文化、政治观念等可以后天学习,随着族群间交流的日益频繁,不少蛮族人学习了希腊人的文化,从而被纳入了希腊人;而一些希腊人在接触了蛮族文化之后也可能会被蛮族化。在此过程中,族群认同中的文化标准不断侵袭着血缘标准的领地。不少学者都注意到,到古典时代后期,伊索克拉底就宣称:"由于雅典文化的影响,希腊人这个名字不再表现为一个种族的名称,而是一种智力的名称;与其把与我们出身相同的人叫做希腊人,不如把拥有我们文化的人叫做希腊人。"[1] 这个问题应该从两方面看,一方面,诚如部分学者所认为的,伊索克拉底的此番言论并非完全否定血缘的重要意义,而是在血缘之外为希腊人的自我认同以及与蛮族的区分又套上了文化的标准;[2] 但另一方面,它也说明了此时文化已经具有更加重要的意义。在这种背

---

[1] Isocrates, *Panegyricus*, 50.

[2] F. W. Walbank, "The Problem of Greek Nationality", *The Phoenix*, Vol.5, No.2, pp.41–60.

景下，希腊人和蛮族的对立虽然并未被打破，但是二者的界限与古典初期相比已经有了极大的变化，文化是更容易学习的，这一点也预示了希腊化时代希腊人的族群观念即将发生变革。

三、希腊化时代希腊人的蛮族观念

希腊化时代是继古典时代之后,古希腊族群观念变革的又一重要时期。[1]随着亚历山大东征及随后各希腊化王国的建立与发展,希腊人与异族的关系发生了重大改变,这对希腊人传统的族群观念形成了巨大的冲击。近年来,随着族群认同问题成为学术界热点,对希腊化时代希腊人的族群认同的研究也逐渐升温,

---

[1] 学术界对希腊化时代起讫有诸多看法,可参见陈恒《希腊化研究》(商务印书馆,2006年)第38—41页。此部分所涉及的主要是公元前334年亚历山大远征到公元前2世纪中期这段时间。

不少学者作出了卓有成效的研究。[1]这些研究多围绕此时期希腊人的自我认同观念等问题展开,而希腊人的自我认识与对他者的认识是他们族群观念中的一体两面,该时期希腊人(包括希腊化的马其顿人)对蛮族的认识也值得思考。有学者提出,希腊化时代的情况过于复杂,不同地区有着不同的族群状况和族群意识,古典时代希腊人提出的划分自我与蛮族的标准已

---

[1] 对亚历山大时代希腊人和蛮族展开研究的有下列论著:Susan. Rotroff, "The Greeks and the Other in the Age of Alexander", in Coleman and A.Clark Walz (eds.), *Greeks and Barbarians*, *Essays on the Interactions Between Greeks and Non-Greeks in Antiquity and the Consequences for Eurocentrism*; Stanley Burstein, *Greek Identity in the Hellenistic Period* (收入 Katerina Zacharia, *Hellenisms: Culture, Identity and Ethnicity from Antiquity to Modernity*, Ashgate, 2008) 等。还有部分论著对托勒密埃及时期的希腊人与埃及人关系、希腊化时代的希腊人与犹太人关系展开研究,它们包括:Martin Hengel, *Jews, Greeks, and Barbarians: Aspects of the Hellenization of Judaism in the Pre-Christian Period*, Fortress Press, 1980; Koen Goudriaan, *Ethnicity in Ptolemaic Egypt*, J. Gieben, 1988; Per Bilde, Troels Engberg-Pedersen, Lise Hannestad, and Jan Zahle (eds.), *Ethnicity in Hellenistic Egypt*, Aarhus University Press, 1992 等。此外,沃尔班克的《希腊化世界》等论著虽非希腊人或蛮族问题的专著,但也涉及了希腊人和其他族群的关系。

三、希腊化时代希腊人的蛮族观念

经失去了意义。[1] 这种观点可能未必完全符合希腊化时代的情况,故此处将探讨该时期希腊人的蛮族观念,特别是希腊人如何认识自身与蛮族的界限,在此过程中,特别注意研究其与古典时代蛮族观念的区别与联系。

(一)融合与对立

古典时代希腊人和蛮族二分观念逐渐形成,与希腊人和异族的长期对立有密切关系,尤其是希腊和波斯的长期对立给希腊人带来了不安全感,包括雅典在内的一些城邦出于维护自身利益的考虑,逐渐构建起了异于希腊人的蛮族形象,蛮族在古典时代最终成为希腊人心目中对异族的歧视性称呼。而亚历山大东征之后,由于波斯等国已经不再是希腊人的主要对手,为了统治多族群的国家,他曾采取了一些措施以化解族群矛盾,如要求马其顿贵族迎娶波斯妇女,甚至躬

---

[1] Stanley Burstein, "Greek Identity in the Hellenistic Period", in Katerina Zacharia, *Hellenisms: Culture, Identity and Ethnicity from Antiquity to Modernity*, pp.59–78.

亲示范；他还推行东方习俗，在宫廷中命令臣下采用下跪等礼节。同时，他也注意选拔波斯人学习希腊语言。[1] 在一些历史学者看来，亚历山大是一个立志于消除不同人群差异、实现人类团结的伟大人物。[2] 的确，亚历山大鼓励与异族人通婚的政策一定程度上打破了希腊人与波斯人以及其他东方人之间的血缘阻隔，而他所推行的文化融合政策也缓和了希腊人与蛮族在文化上的冲突。亚历山大的行为客观上有助于消除希腊人与蛮族之间血缘与文化的界限。在亚历山大去世后，希腊人和蛮族在血缘、文化等方面仍表现出融合的趋势。希腊化时代，希腊人和蛮族之间有通婚现象，甚至其子女也能得到公民权。[3] 此外，希腊化时代的希腊人在一些习惯上，已部分接受了东方地区的文化，

---

[1] 参见 Plutarch, *Alexander*, 45.1–4; 54.2–55.4; Arrian, *Anabasis of Alexander*, 7.4.4 等章节。

[2] W. Tarn. *Alexander the Great and the Unity of Mankind*, Oxford University Press, 1933, pp.123–166.

[3] Willy Clarysse, "Some Greeks in Egypt", in Janet H. Johnson (ed.), *Life in a Multi-cultural Society: Egypt from Cambyses to Constantine and Beyond*, Oriental Institute of the University of Chicago, 1992, pp.51–56. 另，在古典时代，雅典曾经规定，只有父母双方均是雅典血统的人才能获得公民资格。参考 Aristotle, *Constitution of the Athenians*, 42.1–2。

三、希腊化时代希腊人的蛮族观念

如托勒密王朝中的君主在希腊化时代已经完全接受了埃及的服饰,在外形上与法老并无区别,[1]与古典时代希腊人的蛮族观念已经有了相当大的区别。这反映出在希腊化时代,希腊人和蛮族的界限在一定程度上已经松动了。

不过,这并不意味着希腊人和异族的界限已经彻底消失,也不表明希腊人的蛮族观念被彻底抛弃。蛮族观念的核心是建立在族群对立基础上对异族的歧视,在希腊化时代,一方面,希腊化政府对其他族群在政治、经济政策上仍加以歧视。各希腊化王国内部多数高级职位都被希腊人及希腊化的马其顿人占据,非希腊人上升空间更为狭窄;在托勒密王国,普通的埃及人要比希腊人缴纳更多的赋税,二者的经济地位并不平等。而某些国家对希腊人和非希腊人分别采用不同管理机构的做法更说明族群之间的隔阂远未打

---

[1] Michael Avi-Yonah, *Hellenism and the East: Contacts and Interrelations from Alexander to the Roman Conquest*, University Microfilms International, 1978, p.148.

破。[1] 另一方面，受到官方思想的影响，加之族群矛盾并未彻底消除，普通希腊人也会将其他族群的人视作蛮族并加以歧视，一个埃及人曾经抱怨道：

> 他们瞧不起我，因为我是一个蛮族——因为我不能表现得像一个希腊人那样。

而另一条材料中则提到，一个希腊人与当地妇女发生了些不愉快，他很难接受这种事情发生在"一个希腊人"身上，[2] 希腊人具有强烈的民族自豪感，很难接受异族对自己的侮辱，但此类言论中也反衬出希腊人与蛮族地位不平等。可见这一时期希腊人对当地人的歧视仍是一种较为常见的社会现象，而上述埃及人的言论也说明这种歧视即使在蛮族人看来也是理所应当的。蛮族观念显然在社会上尚具有一定影响力。

---

[1] Bert van der Spek, "Multi-ethnicity and Ethnic Segregation in Hellenistic Babylon", in Ton Derks and Nico Roymans (eds.), *Ethnic Constructs in Antiquity*, Amsterdam University Press, 2009, pp.101–116.

[2] Michael Avi-Yonah, *Hellenism and the East: Contacts and Interrelations from Alexander to the Roman Conquest*, p.146.

三、希腊化时代希腊人的蛮族观念

（二）血缘与文化对族群认同的影响

希腊化时代族群关系中融合与对立都很明显，这造成一种两难局面：一方面，希腊人和其他族群的关系已不再像古典时代那样紧张；而另一方面，传统的蛮族观念由于根深蒂固，一时难以消失。要解决这一矛盾，一种手段就是希腊人重构自身和蛮族之间的界限。

希腊化时代，希腊人对自我与蛮族界限的认识并没有彻底脱离古典时代的传统。文化因素仍然在确定希腊人和蛮族的界限中发挥着重要的作用。有学者提出，希腊化时代的蛮族概念就意味着"一个人是不开化、不文明，没有受过教育的，而不用考虑他的民族、语言和人种"[1]，虽然这种观点认为蛮族一词已经彻底与族群、种族等无关，未免有些绝对，但不可否认的是，文化在这一时期区别希腊人和蛮族过程中起着关键性作用。它的重要性首先与希腊化进程有关，从词源上

---

[1] W. M. Rollo, "Nationalism and Internationalism in the Ancient World", *Greece & Rome*, Vol.6, p.126.

看,"希腊化"(Hellenism)一词与文化联系密切,是指古希腊的文化及其传播过程等等。[1]古典时代的希腊人,通过与蛮族之间的文化差异,建构与自己对立的蛮族形象,但他们仅关注自我和异族之间的文化差异,并不试图通过文化来改变蛮族。从德国学者德罗伊森之后,学术界特别注意该词在亚历山大东征之后将希腊文化传播至东方的过程。[2]将它用来称呼一个时代,不仅意味着这一时期希腊文化在各国流行,也意味着它对人们生活,特别是对族群关系和族群认同有重要影响。当时各国都在积极推进希腊化进程,其中重要特点之一就是在原来的蛮族地区兴建与改造了许多希腊化城市,赛琉古王国修建了大量以塞琉西亚和安条克命名的城市,而在爱琴地区的马其顿王国也修建起了安提帕提亚等城市,托勒密王国所在的埃及地区更是发展了亚历山大里亚等希腊化城市。[3]这些城市既满足了迁徙而来的希腊移民生活需要,更将希

---

[1] 参见《牛津古典词典》(*Oxford Classical Dictionary*, Oxford University Press, 2003), Hellenism 词条。
[2] 陈恒:《希腊化研究》,商务印书馆,2006年,第29—30页。
[3] Diodorus, *Library*, 17.52.6.

三、希腊化时代希腊人的蛮族观念

腊文化普及到原来的蛮族地区。许多原本种族上是其他民族的人,由于受到希腊教育的熏陶,也被纳入希腊人范围。尽管古典时代也有人群交流的现象,但规模似无法与此时相比。一些证据表明,当时犹太教的上层人士,能够进入属于希腊人特权场所的体育馆接受希腊式教育,不少犹太人还采用了希腊式的名字,这说明他们不仅接受了良好的希腊式教育,而且在感情上具有了希腊认同,[1] 而他们能够进入体育馆这种曾经是希腊人的活动领域,一定程度上反映出他们的希腊身份已被希腊人所认可,当这些传统上被视为蛮族的人群"通过各种方法将自己在文化上转变为希腊人之后",就有可能突破血缘的限制,获得希腊人的认同。[2] 而"希腊化"大力推广背后显示的则是各国统治者的扶持,特别是大型城市的修筑、改建,市内设施的建立,离开统治者的支持都是不可能的,统治者对希腊化如此热心,除了希望用希腊化来招揽爱琴城邦中的希腊人之外,可能也因为他们认识到文化在识别

---

[1] Anderw Erskine, *A Companion to the Hellenistic World*, Blackwell, 2009, p.267.

[2] Walbank, *Hellenistic World*, Harvard University Press, 1993, p.65.

族群身份中的重要意义。正是在上述诸因素的综合作用下，一些所谓的"文化希腊人"或者"变为希腊人的亚洲人"大量产生，[1] 说明希腊文化在这一时期成了跨越希腊人和蛮族界限的重要桥梁。

当人们谈及文化时，通常是将"文化"看作一个整体概念，但文化的内涵极为丰富，希腊化时代的诸文化因素所起的作用各不相同，一些在古典时代深受希腊人重视的因素，如语言、生活习惯等，在这一时期由于族群间文化交融的加深，而逐渐变得相对次要，与此同时，另一些因素在族群区分中的作用却得以凸显。语言本是古典时代区别希腊人和蛮族极为重要的标准，"蛮族"一词最早就是用来指示说希腊语不标准的人，但在希腊化时代，随着交流扩大，以阿提卡方言为基础的科伊尼语（koine）产生了，它同时也吸收了其他方言的某些特征，故而超越了原有的希腊方言，[2] 它也在很短时间内成了各希腊化王国的官方语

---

[1] W. W. Tarn, *Hellenistic Civilization*, E. Arnold, 1952, pp.160–161.

[2] A. N. Jannaris, "The True Meaning of the Κοινή", *The Classical Review*, Vol.17, No.2.

言。[1]不少土著居民的上层人士能使用此种语言。即使是在农村地区，也有不少书记员能使用科伊尼语做文字工作，而在日常生活中，用科伊尼语交流的土著居民则更多。[2]风俗也曾被希罗多德等人认为是区别希腊人和蛮族最重要的四条标准之一。该时期随着希腊化在各国的推广，不同族群在习俗方面的融合尤为明显。不少地区的蛮族人已居住在城市。据记载，希腊化时代的亚历山大里亚的居民中，不少人都是当地人或者奴隶，他们是希腊人传统观念中的蛮族。[3]类似的情况还出现在其他地区的希腊化城市中。[4]他们与希腊人共同享有城市生活，在生活习惯上更加趋同。而作为古典时代希腊人和蛮族对立中最重要的一个方面，希腊人的民主制度与东方君主专制制度的区别在这一时期也往往被希腊人所忽略，三个主要的希腊化

---

[1] G. C. Horrocks, *Greek: A History of the Language and Its Speakers*, Longman, 1997, p.70.

[2] Michael Avi-Yonah, *Hellenism and the East: Contacts and Interrelations from Alexander to the Roman Conquest*, p.159.

[3] Diodorus, *Library*, 17.52.6.

[4] R. A. Billows, *Kings and Colonists*, Aspects of Macedonian Imperialism, E. J. Brill, 1995, p.154.

国家都已经建立起效仿东方的君主制度，有不少希腊人接受了这种制度。在国王身边，许多希腊人作为官员、管理者以及商人为之效力，他们忽视了与马其顿人在政治上的差异，共同组成了统治阶级。在这些传统领域的文化区别日益缩小之时，体育馆此时在区别希腊人和蛮族中日益具有重要意义。在古典时代，它一般只允许城邦公民进入。而在希腊化时代，各国统治者都在新建和改建的希腊化城市中建起了体育馆，既是教育、休闲设施和人们交往的地方，也是用于体育训练的一组建筑群和设施群——没有东西比它能更好地代表希腊化的教育，[1] 而它拒绝蛮族人进入这一点也大体被保留下来，对希腊人而言，体育馆是一种特权，大多数蛮族人很少有机会进入其中，而体育馆所能提供的希腊式的教育，是这一时期区分希腊人和蛮族的重要文化标志之一。

除了一些文化因素的作用已经衰弱之外，还有一些因素，如宗教等，在这一时期仍然存在，但有了一定地域性特征。在古典时代的文化中，宗教是区别蛮

---

[1] F. Chamoux, *Hellenistic Civilization*, Blackwell, 2003, pp.297-298.

三、希腊化时代希腊人的蛮族观念

族和希腊人的重要依据之一,其前提就是希腊人宗教之间的一致性,希罗多德的言论说明希腊人中存在这种观念。但在希腊化时代,东方的希腊化王国与爱琴海希腊城邦里的希腊人在宗教问题上已出现了一些差异。在东方,随着大量希腊移民的到来,他们虽然仍然保留了部分的宗教习惯,如仍祭祀奥林匹亚诸神等,但已经受到当地文化的熏陶,也在很大程度上接受了东方的神灵,埃及的伊西斯女神,叙利亚的阿塔伽神此时都成为希腊人崇拜的对象。[1] 甚至在遥远的印度也是如此,一段保留在印度的铭文写道:

> 众神之神毗湿奴的金翅鸟柱子,由迪翁的儿子,信徒哈利多鲁斯制作,他从塔克西拉来,是伟大国王安提奥西达斯的使者。[2]

尽管哈利多鲁斯在名字上仍保留了希腊特征,但

---

[1] Jonathan Z. Smith, "Native Cults in the Hellenistic Period", *History of Religions*, Vol.11, No.2.
[2] 转引自 S. M. Burstein, *The Hellenistic Age from the Battle of Ipsos to the Death of Kleopatra* Ⅶ, Cambridge University Press, 1985, p.72。

他信仰当地的毗湿奴神,在宗教上已经与希腊传统相背离了,类似的以希腊人身份向印度神灵奉献的例子在印度还有不少,[1] 可知希腊人留在印度的后裔,虽然保留了某些"希腊人"的特征,但他们在宗教上已经深受当地影响,而背离了希腊传统了。不过,在爱琴海地区的希腊城邦中,外来宗教的影响在一定时期内可能较为有限。公元前332年—前331年之后,尽管雅典也出现了对伊西斯等外来神灵的崇拜,但雅典对外族的祭祀是"个人化的、小规模的",根本无法与传统的希腊崇拜相比。在斯巴达,甚至小亚附近的米利都等城邦中,希腊人也更倾向于传统崇拜,即使从东方归来的移民和商人也并未能使外来宗教渗透入雅典等城邦。[2] 最主要的是,在古典时代以宗教区别希腊人和蛮族的习惯在这一时期被保留下来。公元前279年,德尔菲竖立了纪念碑用来纪念"希腊人"击败向

---

[1] Klaus Karttunen, *India and the Hellenistic World*, Finnish Oriental Society, 1997, pp.297–299.

[2] 关于当时城邦中的宗教信仰,可参见《剑桥希腊化世界指南》(*The Cambridge Companion to the Hellenistic World*)第212页。

三、希腊化时代希腊人的蛮族观念

德尔菲圣所进军的蛮族。[1] 尽管有政治因素的影响，但此时德尔菲神庙又被赋予了希腊人和蛮族分水岭的意味。宗教在这一地区仍然是凝聚希腊人认同的因素，也是希腊人和蛮族之间区别的标志之一。正是由于东部地区和爱琴地区对异族宗教所具有的不同态度，宗教作为一种文化因素，在此时希腊人和蛮族的划分中只能局部性适用，而很难成为普遍性标志了。

同文化一样，血缘（包括建构的血缘）是古典时代区别希腊人与蛮族的另一项重要因素，它也是凝聚人类认同、构建族群界限的一般手段。但在希腊化时代，血缘在区分异族和希腊人的过程中，受到跨族群通婚的影响，重要性有所下降（此态势在古典时代已经有所展现）。亚历山大在征服波斯之后，曾下令将士娶波斯女子为妻，尽管这种通婚还属于政治手段，但已经表现出影响，而希腊化时代则有更多自发的跨族群通婚。通婚规模较大有其客观原因，从亚历山大远征开始，随同他远征的希腊人中，就以男性占多数，

---

[1] Stanley Burstein, "Greek Identity in the Hellenistic Period", in Katerina Zacharia (ed.), *Hellenisms: Culture, Identity and Ethnicity from Antiquity to Modernity*, p.65.

在希腊化时期的移民中,男性比例也应较高,由于移民性别不均衡,希腊男性在当地与异族通婚就成为必然选择。族群间的通婚对希腊人引以为豪的纯正血统产生了威胁。同时,在文化交流的背景下,不少原本不具备希腊血统的异族人在接受了希腊文化之后,也可能逐渐被希腊人所接受。比利时学者魏利·克莱瑞斯曾对记录托勒密王国阿西诺特诺姆村庄人口情况的纸草文书作过分析,在所谓的72个希腊男性中,至少有38人具有犹太血统,他们已经深深地希腊化,其中不少人已经有了希腊名字,而且他们也被纳入了希腊人的共同体中。[1] 这时期,某些所谓的"希腊人"甚至连希腊化的名字都没有,[2] 他们可能就是从异族而来。而希腊人实际上是在了解这些人原始血统的背景下承认他们的希腊血统。可见,希腊人对自身与蛮族血缘界限的认识是可以改变的。随着希腊人活动范围的扩张,其血缘边界也获得了扩展,希腊人已经包括

---

[1] Clarysse Willy, "Jews in Trikomia", in Adam Bülow-Jacobsen (ed.), *Proceedings of the 20th International Congress of Papyrologists, Copenhagen, 23-29 August, 1992*, Museum Tusculanum Press, University of Copenhagen, 1994, pp.193-203.

[2] Walbank, "The Problem of Greek Nationality", *Phoenix*, Vol.5, No.2.

三、希腊化时代希腊人的蛮族观念

了一些原来所谓的蛮族。

然而,血缘作为一项历史悠久的判断人群是否具有认同的标准,要彻底消失也很困难。在埃及,政府曾限制希腊男子和埃及妇女通婚所生子女的公民权,[1] 其目的之一可能是限制希腊人与异族的通婚,因而在一些地方,希腊人与蛮族人之间的血缘界限并未完全打破。当我们关注托勒密王国的部队名称时,会发现在公元前3世纪末期仍有某些部队被冠以马其顿、色雷斯等名称,[2] 其实它们可能只是保留了原有的名称而已,其内部成员则发生了很大改变,可见血缘观念在人们的意识中仍然保留下来。因此,在此时希腊人的观念中,血缘依然是希腊人形成自我认同,以及区别自我与蛮族的重要因素。

同族群识别中的文化因素一样,这一时期以血缘为标准评价某些人是属于希腊人还是蛮族之时,也出现了地区性差异,最突出地表现在对马其顿人的族属

---

[1] Michael Avi-Yonah, *Hellenism and the East: Contacts and Interrelations from Alexander to the Roman Conquest*, p.162.

[2] D. J. Thompson. "Hellenistic Hellenes: The Case of Ptolemaic Egypt", in Malkin (ed.), *Ancient Perceptions of Greek Ethnicity*, Harvard University Press, 2001, p.306.

问题上所持有的争议。由于马其顿人最初位于希腊半岛北部,他们与一般的希腊人既有共同点,也有区别,因此希腊人内部对他们是否属于希腊人一直存有争议,此现象从古典时代后期就越发明显。在马其顿崛起之时,雅典的伊索克拉底和德摩斯提尼对马其顿人的族属产生了根本性分歧。[1]

在希腊化时代,对马其顿人属性的理解则明显体现出某种地域性特征。具体而言,在爱琴海附近的城邦中,对马其顿人族属的讨论仍在继续,尽管有些城邦将马其顿的君主称为希腊人的保护者,甚至给予他们像神一样的尊崇并予以祭祀,但这种活动有时会随着马其顿君主对爱琴城邦的控制减弱而消失,例如在亚历山大逝世后,部分城邦就取消了对他的祭祀。[2] 更重要的是,有不少人继承了自德摩斯提尼以来的传统,坚持马其顿人和希腊人属于不同的人群,正如某

---

[1] 德摩斯提尼认为马其顿人不属于希腊人,而伊索克拉底则认为马其顿王室应该属于希腊人。参见萨义德著《希腊演说中认同的讨论》(Suzanne Said, *The Discourse of Identity in Greek Rhetoric: From Isocrates to Aristides*, in *Ancient Perceptions of Greek Ethnicity*)。亦可参见徐晓旭《马其顿帝国主义中的希腊认同》,《世界历史》2008年第4期。

[2] Jon. Mikalson, *Ancient Greek Religion*, Wiley-Blackwell, 2010, p.190.

三、希腊化时代希腊人的蛮族观念

些历史学家所记载的谱系中,马其顿人是皮拉斯基人的后代,而皮拉斯基人与希腊人是有所不同的,这样就割断了马其顿人和希腊人的血缘联系,按照古希腊的传统,这就意味着希腊人和马其顿人不属于同一个族群。可见城邦中的某些希腊人,仍然将马其顿人排斥在希腊人之外,置于蛮族的地位。而赛琉古、托勒密等国境内,却是另一番景象,在多数时候,希腊人和马其顿人无论是在他们自己还是在其他族群眼中都已经是同一个族群。希腊人能够与马其顿人共享权力,在希腊化国王的宫廷中,不少的希腊人充任官员、伙伴(马其顿特有称呼)等职务,他们与马其顿人已经形成了利益共同体。东方的其他族群在很多时期将他们统称为"希腊人",很少有人提到二者在族属上的差异。因此,他们被视作一个整体,与其他的人群,即蛮族相对立。

不难看出,希腊化时代的希腊人认为自己和蛮族的对立仍主要建立在文化与血缘之上,这一点与古典时代具有一致性。此情形产生并非偶然,一方面,当代人类学家史密斯等人认为,所谓的族群是指由"共同的名字,共同的祖先传说,共同的历史,共同的文化,共同的地域联系"等五种因素构成的人群,[1]这些内容大体可以和古希腊人的文化与血缘联系起来,因此,以文化、血缘划定人群,应当是人类社会形成自我认同意识、区别自我与他者的一般模式;另一方面,由于古典时代希腊人的蛮族观念已经发展到了较高水平,血缘、文化作为希腊人和蛮族的界限已经在希腊人观念中打下很深的烙印,即使在社会环境发生较大变化的时代,希腊人也难以将它们完全抛弃。血缘、文化等因素在新的条件下,通过改变形式仍能够发挥作用。因此,希腊化时代的蛮族观念并不是古典时代蛮族观念的断裂,而是对它的继承。

在继承古典蛮族观念的同时,希腊化时代也根据时代的变化发展了蛮族观念,其最大的特点是,无论是血缘抑或是文化标准,在确定希腊人与蛮族人的界限时都变得更加灵活,而地区之间的差异性也更加明显。不能否认在古典时代,希腊人内部也会由于利益需要或是认识差异而产生对族群界限的不同认识,古典后期伊索克拉底和德摩斯提尼对马其顿人族属的不

---

[1] A. Smith, *The Ethnic Origins of Nations*, Oxford University Press, 1986, pp.22–30.

三、希腊化时代希腊人的蛮族观念

同意见是很明显的例子。但是,当时希腊人对自己与蛮族的血缘与文化界限大体是清晰的,希腊人的范围主要集中于希腊半岛和小亚、西西里等地的希腊城邦。而在希腊化时代,许多原本不属于希腊人的人,都可能通过通婚或者接受希腊文化成为希腊人,希腊人也可能变为其他族群的人,从而导致了二者之间的界限变得相对模糊;同时,希腊人的活动范围大大扩张,复杂地域内的不同地区在历史传统、族群分布等方面都有很大差异,造成希腊人对自我与蛮族族属的认识具有地域性差异:爱琴地区的希腊人更多保留了古典时代的传统;而迁移到东方的希腊人,一方面会受到原有蛮族观念的影响,另一方面又会受当地族群观念的熏陶,导致了无论是对血缘还是对文化的认识,都可能与爱琴地区的希腊城邦存在差异。前述宗教在不同地区的不同影响以及不同地区的希腊人对马其顿人的族属具有差异性认识就充分说明了这一点。不过,这一现象的产生,背后还有更深刻的原因存在。

(三)政治因素的影响力

此时期希腊人在认识自我与蛮族时具备灵活性和区域性特征,与不同地区希腊人面临的现实问题密切相关。他们从各自的现实情形出发来决定如何处理自我与其他人群的关系,其目的之一是最大限度维护自己的利益,由于各国的国情不同,需要处理的问题也各异,因此各自所采取的政策也有所区别,而血缘和文化标准所体现的灵活性、地域性特征,正是希腊人的民族政策的反映。

在东方的赛琉古王国境内,既存在各种土著居民,又有新来的希腊人和希腊化的马其顿人,族群关系较为复杂。而托勒密王国境内虽然也有希腊人、埃及人之外的其他族群,但在官方看来,统治下的人口主要是"希腊人"和"埃及人"两类。[1]尽管人口成分不同,但他们面临的共同问题是要以少量希腊人和希腊化的

---

[1] Stanley Burstein, "Greek Identity in the Hellenistic Period", in Katerina Zacharia (ed.), *Hellenisms: Culture, Identity and Ethnicity from Antiquity to Modernity*, p.73.

三、希腊化时代希腊人的蛮族观念

马其顿人统治人数更多的其他族群。希腊人和希腊化的马其顿人在托勒密王国和赛琉古王国境内人口中所占的比例都不高,尽管学者对这些国家内部的人口统计数据还存有争议,但大体看来,希腊人和希腊化的马其顿人在两国总人口中的比例是10%—15%左右。[1] 与之相对应的是,希腊人和希腊化的马其顿人往往结合起来以统治族群自居,控制了绝大多数高层职位,而数量众多的当地人则发展空间有限。即使是普通的马其顿人和其他希腊人,也往往拥有一定特权。因此,如何以少量人口维持对异族的统治,并解决各国内部的族群矛盾,就成为他们不得不面对的问题。

希腊人和马其顿人要维护政权的稳定,在处理族群问题时必须考虑正反两方面的内容。从正面看,鉴于希腊人的人数较少,统治者必须在合理的范围内扩大自己的统治基础,使得希腊人与蛮族的比例处于相对安全的范围。因此,各国在积极推进移民活动之外,还对族群界限作出相应的调整,这可以更迅速地

---

[1] 《希腊化与东方》(*Hellenism and the East*)第157页提到,埃及地区的希腊人占总人口的15%左右,《希腊化时代的希腊认同》(*Greek Identity in the Hellenistic Period*)一文中则认为,在埃及和赛琉古的人口中,希腊人和马其顿人的人口都不太可能超过10%。

"提高"希腊人比例。一方面,马其顿人和希腊人在东方逐渐实现融合,他们在文化等方面已经没有太大区别,形成了新的"希腊人",共同享有政权,这无疑在一定程度上扩大了马其顿贵族的统治基础,保持了政权的相对稳定。另一方面,适当放宽自我和蛮族之间的界限,学习、采纳蛮族的宗教与习俗,有助于缓和希腊人和当地人之间的矛盾,而以通婚、文化交流等方式将部分已经希腊化的蛮族人纳入希腊人的范围,更是有效手段。因为尽管希腊人已经与其他族群通过各种方式实现了族群交往与族群融合,但是否承认其他人群的希腊人身份,是否给予他们与希腊人相同的待遇,这在很大程度上取决于统治者的意志。这一时期,在托勒密埃及以及赛琉古等王国境内,一些人,如部分犹太人不仅积极接受希腊文化的熏陶,而且在政治上也对赛琉古等政权提供了帮助,[1] 有些就被纳入了希腊人的范围,或者享受与希腊人类似的待遇,此现象有助于提高希腊人的比例,更有助于维护政权的稳定。此类政策还促进更多的人效法这些"文化上的

---

[1] Anderw Erskine, *A Companion to the Hellenistic World*, p.266.

希腊人",进一步亲近希腊文化与政权,这对统治显然是有利的。

从反面来看,对希腊人与蛮族的界限作适当限制,防止过多的其他族群成为希腊人,也是巩固希腊人统治的必要手段。希腊人与希腊化的马其顿人在这一地区确立统治权之后,其政权的合法性与稳定性不仅来自其在人口中所占的比例,也同样来自其拥有的一系列特权,这些特权既是希腊人占据统治地位的结果,也是保持统治的重要条件。希腊人和其他人群身份上的鸿沟有助于进一步凸显希腊人的特殊地位,有助于增强其民族自豪感,也在某种程度上赋予了其执政地位以合理性。二者是相辅相成的。因此,他们不会过多地削弱这种差异,有时反而可能强化自己与其他族群的界限。托勒密王国的政策就体现了这一点。当时的埃及人要比希腊人多纳税,因此从纳税材料上可以看到,有些埃及人将自己的户籍改成了"希腊人"[1],尽管这种情况很难避免,但托勒密王国仍然规定,修改

---

[1] 出现在纸草文书中的15,000个名字中,至少有8000个左右希腊名字,但是这项比例显然过高。此外,纳税报表中现实的"希腊人"的父兄仍然是埃及人,显然他们的族属是篡改的。参见《希腊化的希腊人》(*Hellenistic Hellenes*)。

户籍族属的权力属于王室,地方官员擅自改动则可能被处以重刑。[1] 其重要原因可能在于,篡改户籍的行为损害了国家的税收政策,破坏了托勒密王国的权威,打破了"希腊人"和"埃及人"两分的政策,不利于政府的统治。

对当时爱琴地区的希腊城邦和马其顿人而言,所关注的蛮族问题,则有另一重政治含义,马其顿王国和希腊城邦的相互关系就是一重体现。尽管马其顿人曾宣布恢复希腊城邦的自由,希腊城邦在形式上也能保持独立,但很长时间内,安提柯王朝将希腊城邦置于自己的掌控之下,他们倾向于强化自身与希腊人的一致性,特别强调马其顿人对希腊城邦的恩惠。马其顿贵族声称是他们将希腊人从寡头手中解救出来,因此往往以希腊人的解放者自居。[2] 安提柯王朝希望通过借此继续维持对城邦的霸权。但希腊城邦长久以来就是独立的政治体,它们希望保留内政外交的独立地

---

[1] Stanley Burstein, "Greek Identity in the Hellenistic Period", in Katerina Zacharia (ed.), *Hellenisms: Culture, Identity and Ethnicity from Antiquity to Modernity*, p.73.

[2] Diodorus, *Library*, 18.55–57.

三、希腊化时代希腊人的蛮族观念

位,马其顿对希腊人的控制已经成为既成事实,二者的亲近关系又成为希腊城邦独立性的进一步威胁。因此,希腊人在和马其顿人的相处中,就不得不采取两面手段,一方面,一些希腊城邦和马其顿王国保持着密切关系,承认马其顿人对他们的霸权,在文献中还可看到一些希腊人提及马其顿君主对希腊人的恩惠,[1]这是对马其顿在希腊城邦中拥有霸权的认可。但另一方面,不少希腊人更倾向于割裂自身和马其顿人的联系。在此背景下,城邦中的一些希腊人试图建立双方各自的谱系,阻断马其顿人与自身的血缘联系也同样是出于政治目的。

当然,族群政策与族群观念并非完全一致,族群政策多出自于统治者,用于调整不同族群的利益与关系,而族群观念则不限于统治阶层,也包括一般民众对自我和他者的认识。但二者并非截然可分,希腊化王国中,即使是普通希腊人也能享受到一定的政治经济特权,因此他们和统治者的利益具有某些一致性,

---

[1] Stanley Burstein, "Greek Identity in the Hellenistic Period", in Katerina Zacharia (ed.), *Hellenisms: Culture, Identity and Ethnicity from Antiquity to Modernity*, p.65.

维护统治对双方均有好处；而族群政策和族群观念也有着共同的基础，二者都与希腊人的族群利益息息相关，并以之为中介联系起来。族群政策以利益为准绳，它在制定和实施后，能在很大程度上影响希腊人以及其他人群的族群观念；族群观念作为意识形态，同样也受到族群利益的影响，反过来也能制约族群政策的制定。

以现实政治利益为导向，不同地区的希腊人对蛮族观念的认识有所差异，这一点并非从根本上否定希腊人的蛮族观念具有统一性与连贯性，反而恰恰体现了希腊人思想内部的一致性。从历史维度看，以利益为取向，并在保持各自利益前提下维护希腊人共同利益，这是希腊人塑造蛮族观念的一贯特色。自古典时代以来，蛮族观念与政治因素就存在密切联系，希腊人在构建外部与自己敌对的蛮族观念时，就不乏凝聚族群认同、共同抵御蛮族入侵的政治需要，但是，希腊人更是建立在城邦基础上的人群，具有不同的政治利益，而雅典等城邦在自我认同与蛮族观念的建构中，

三、希腊化时代希腊人的蛮族观念

也充满了为各自城邦利益服务的目的,[1] 有时候甚至会因为个体的利益,出卖希腊人共同体的利益。古典时代的斯巴达、雅典等城邦,就曾经多次与波斯达成协议。[2] 但是,各别主义与希腊人的共同利益并不因这种矛盾而无法共存,反而始终相互依存。[3] 古典时代,公民的平等、自由是希腊人最核心的利益之一,也是希腊人观念中自我与蛮族的主要区别,而它们存在于城邦之中,城邦就成为维护希腊人共同利益的基础,整体利益和各别主义是有机统一的。

希腊化时代政治因素对蛮族观念的干预,也是继承传统观念基础上的发展。各别主义在这个时代依然存在并继续发展,但由于希腊人活动范围的扩大,原有的以城邦为主的政治实体虽然存在,但范围更大的希腊化国家也同时崛起,成为利益集团,具有各自不同的利益诉求。而希腊人在更大的地域性范围内,虽

---

[1] Perlman, "Panhellenism, the Polis and Imperialism", *Historia*, 25, 1976.

[2] 一个例子就是公元前387年希腊人与波斯签订的大王合约(King's Peace),该合约出卖了小亚地区的希腊城邦。

[3] 徐晓旭:《古代希腊民族认同中的各别主义与泛希腊主义》,《华中师范大学学报》2008年第4期。

仍需要维持各自国家和城邦的利益,甚至可能因为利益的冲突而发生战争,但无论他们居于爱琴海附近还是居于东方的希腊化王国,都认为自己是希腊人,与蛮族具有区别,而且各自的行为也是为了维护希腊人的利益。总体而言,这一时期希腊的政治利益保留了时间和空间上的一致性,又具备了不同地域内的各自特征,形成了希腊化时代独有的政治格局,深刻地影响到了希腊人蛮族观念的发展变化。

希腊化时代现实利益、政治权力在希腊人的蛮族观念中发挥着重要作用,并非意味着血缘和文化成为摆设,而由政治利益决定一切。学术界对族群认同历来有两种不同认识,一种观点被称为"工具论",它将族群认同、族群识别看作是由政治、经济等利益决定的,政权和生产资料等因素都可能影响观念中的族群划分。[1] 另一种观点可被称为"原生论",它认为,族群认同应当是基于人群内部的固有联系而形成的,因此血缘和文化、族群历史、共同地域等因素对族群形

---

[1] G. Haaland, "Economic Determinants in Ethnic Processes", in F. Barth (ed.), *Ethnic Groups and Boundaries*, Boston, 1969, pp.58–73.

三、希腊化时代希腊人的蛮族观念

成有重要意义。[1] 这一时期希腊人的蛮族观念,充分说明了族群认同不能简单地以"工具论"或者是"原生论"加以解释,两种观点应当是相辅相成,而非彻底对立的。对希腊人和蛮族界限的任何划分,即使是出于维护各自的利益需要,在现实中也必须考虑血缘和族群的观念,而不可能完全将其抛弃,而血缘和文化在希腊人蛮族观念中的继承和改变,也往往掺杂有政治目的。它们紧密结合,构成了希腊化时代新的蛮族观念,它一方面继承了希腊人的传统,在利益导向下,以血缘、文化划定希腊人和蛮族,而另一方面,则反映了新形势下,不同地域的希腊人对族群认同的新要求。

---

[1] Clifford Geertz (ed.), *Old Societies and New States*, Collier-Macmillan, 1963, pp.105–157.

四、《尚书》周人称"夏"考

有学者认为,西周时期形成的族群融合,已有后世华夏观念的雏形。[1] 从名称上说,西周初年的周人已经有自称为"夏"的现象,这最早见于《尚书·周书》。《康诰》曰:"(周文王)用肇造我区夏,越我一二邦,以修我西土。"《君奭》盛赞周文王治国有方,曰:"惟文王尚克修和我有夏。"《立政》亦谓周代殷乃受天之命:"乃伻我有夏,式商受命,奄甸万姓。"[2]

据现存文献,"周"乃周邦之通称,然而在《周书》中,周人又称作"夏",而且是在殷亡周兴之时。为什

---

[1] 参见许倬云著《西周史》,第126—158页(生活·读书·新知三联书店2012年版)。
[2] 孔安国传、孔颖达正义:《尚书正义》卷14、16、17,《十三经注疏》,上海古籍出版社,1997年,第203、224、231页。

四、《尚书》周人称"夏"考

么周人在殷周之际自称为"夏"？对于这个问题，自古以来就有不同说法。许慎《说文》曰："夏，中国之人也。"宋儒胡世行、清儒江声、孙星衍、朱骏声、牟庭、王闿运等家从许说，释上引《尚书》之"夏"为中国。伪孔安国《传》的说法则有不同，以为"夏"指"诸夏"，谓："始为政于我区域诸夏。"宋代苏轼《书传》等沿袭此说。[1]

许慎《说文》所言"中国"之称谓，可能源自于商代或周初。商代甲骨卜辞有文："戊申卜王贞受中商年……月"，"己巳王卜贞……岁受商……王占曰吉……东土受年，南土受年吉，西土受年吉，北土受年吉。"[2] 胡厚宣先生认为，将"商"称为"中商"即后来"中国"称呼之起源。[3] 于省吾先生则指出，甲骨文中之"四土"均以"大邑商"为中心而言，至武王灭商

---

[1]《尚书正义》卷14，《十三经注疏》，第203页；苏轼：《书传》卷16。
[2] 郭沫若等：《甲骨文合集》，中华书局，1978—1982年，第20650、36975。
[3] 胡厚宣：《论五方观念及中国称谓的起源》，《甲骨学商史论丛初集》，河北教育出版社，2002年，第279—280页。

后，方称洛邑附近的中原地区为"中国"。[1] 于先生此说，在金文及传世文献中多有证据。(见金文《何尊》《尚书·梓材》等)据胡、于二位先生的考证，以"中国"释"夏"，与上引《立政》文相合。然而以"中国"释《康诰》《君奭》之"夏"，则有些困难。尽管《诗》《书》中有文王受命说，可是《康诰》则明言"区夏"在西土。"区"，《广雅》："小也。"以"区"训"小"，"小夏"犹如《大诰》之"小邦周"。[2] 位居西土的"小夏"与"中国"之意，显然很难相合。

伪《孔安国传》的训释"区夏"，"区"作"区域"，"夏"作"诸夏"。"区"训"区域"，古人多有此训。[3] 可是，"夏"作"诸夏"也难以理解。上引《康诰》文："(周文王)用肇造我区夏，越我一二邦，以修我西土。"此"夏"始"造"，且与"一二邦"(即友邦)共同在西土扩展。"夏"与"一二邦"当有所区别，这样"诸"字是很难训出的，所以蔡沈《书集传》谓"始造我区夏"，

---

[1] 于省吾:《释中国》,《中华学术论文集》,中华书局,1981年,第1—3页。
[2] 杨筠如:《尚书覈诂》,陕西人民出版社,1959年,第171页。
[3] 参见顾颉刚、刘起釪著《尚书校释译论》,中华书局,2005年,第1305页。

不言"诸"字。其实,"诸夏"一词乃起于春秋之时。此时期,周天子势力衰落,失去对诸侯国的控制,中原周边的夷狄纷起。原先在周天子控制之下的诸侯国为与夷狄对抗,统称为诸夏,以示共同遵循中原地区文化而有别于夷狄。此时的"诸夏"已几乎等同于"中国"。关于这点,学者们多有论说。如钱穆先生指出,"诸夏"是华夷之辨的产物,它是以文化为划分标准的。[1] 陈致教授也认为,"诸夏"概念形成于平王东迁之后,其基准在于文化礼俗。[2] 所以,"诸夏"所表达的是西周以后把中原华夏文化与夷狄文化区别开来的观念。

那么,为什么周人在殷周之际多次自称为"夏"?这可能与殷亡周兴的历史背景有联系。周代殷而立,乃历史之巨变。周人对此历史之巨变,有冷静的思考。据《史记·周本纪》记载,周武王灭殷后夜不敢寐,谓:"我未定天保,何暇寐!"在周人看来,不仅周代殷而且殷代夏皆天命转移的结果。而天命之所以转移,则在于统治者行为。《左传》僖公五年引《周书》曰:"皇天无亲,唯德是辅。"周人认为皇天仅仅保佑

---

[1] 钱穆:《国史大纲》,商务印书馆,1996年,第56—57页。
[2] 陈致:《夷夏新辨》,《中国史研究》2004年第1期。

有德之君王。《酒诰》称赞"在昔殷先哲王迪畏天显小民,经德秉哲",对殷纣王则大加谴责,谓其"酗身厥命,罔显于民祗,保越怨不易",所以"天降丧于殷"。殷代夏也是如此。《召诰》曰:"相古先民有夏,天迪从子保,面稽天若",然而夏桀王则荒淫乱政,所以"天惟时求民主,乃大降显休命于成汤"。(《多方》)从夏、殷、周三代政权的更迭,周人看到周与夏、殷的联系。有学者指出,周人称"夏"是一种政治手段,是为其取代殷找出理由,以维护其统治地位。此说有一定的道理,不过周人称"夏"还有更深层的原因,即他们在对历史变化原因的探寻中,意识到三代政权之间的联系,意识到变易的历史中有共同性的东西。此共同性的东西即呈现在天命之中的"德",而统治者之"德"又是与民心联系在一起的。[1]《尚书》曰:"天视自我民视,天听自我民听","民之所欲,天必从之"。[2] 可见,周人称"夏"蕴含了较为深刻的以史为鉴意识。在《尚书·周书》中,"不可不鉴于有夏,亦不可不鉴于有殷"

---

[1] 参见易宁师《中国古代历史认同观念的滥觞——〈尚书·周书〉的历史思维》,《史学史研究》2010年第4期。

[2] 见《孟子·万章》引《尚书》;《左传》襄公三十一年引《泰誓》之文。

四、《尚书》周人称"夏"考

的意思是很明确的。

不过,把周人称"夏"与以史为鉴意识联系起来,还有一个问题需要回答。对于周人来说,夏殷两代君王均有有德者和无德者,而且君王有德或无德均为其得天下抑或失天下的原因,为什么周人称"夏"而不称"殷"?关于这点,可能须从周人与夏人在历史上有某种特殊的联系来考虑。在考古学上,有夏、周同出于晋南说。王克林教授指出,从陶器的类型学判断,先周文化应该主要指汾水下游的晚期龙山文化、晋南东下冯文化直至西周各阶段的文化,而东下冯文化恰恰是夏文化的主要代表。[1] 据此可知夏、周有前后相继的关系。然而,这种说法在考古学上也有不同的意见。徐锡台先生从陶器类型推测先周文化的基础是位于泾渭流域的客省庄二期文化,沈长云教授则认为,二里头文化中具有的东方因素说明夏有可能起源于今河南东北部地区。[2] 从考古学上确定夏与周是否有同

---

[1] 王克林:《略论夏文化的源流及其有关问题》,先秦史学会:《夏史论丛》,齐鲁书社,1985年,第79—80页。

[2] 徐锡台:《早周文化的特点及其渊源的探索》,《文物》1979年第10期;沈长云:《说"夏族"——兼及夏文化研究中一些亟待解决的认识问题》,《文史哲》2005年第3期。

源关系，还需要有更确切的资料。不过，据传世文献，还是可以看出周人自认为与夏人有某些联系。《诗·小雅·信南山》："信彼南山，维禹甸之，畇畇原隰，曾孙田之。"郑玄笺："信乎彼南山之野，禹治而丘甸之。今原隰垦辟则又成王之所佃。言成王乃远修禹之功。"如果说此句《诗》文，反映的是周人以修禹之功为荣的思想，而在《诗》他篇中则有直接说明周人与夏人关系的文句。如《诗·大雅·文王有声》曰："丰水东注，维禹之绩。"郑玄笺："昔尧时洪水，而丰水亦泛滥为害。禹治之使入渭，东注于河，禹之功也。文王武王今得作邑于其旁地，为天下所同心而归。大王为之君乃由禹之功，故引美之。"周人以为，"大王之为君乃由禹之功"。又，《国语·周语上》曾载周人祭公谋父语："昔我先王世后稷，以服事虞夏。及夏之衰也，弃稷不务，我先王不窋用失其官，而自窜于戎狄之间。"[1] 据传世文献，周人祖先在远古时代可能与夏人曾共同生活在某一个区域。如果说上引文献所反映的仅仅为传说，那么此类传说能长期流传也反映出周人确实有这样的

---

[1] 徐元浩：《国语集解·周语上》，中华书局，2002年，第3—4页。

四、《尚书》周人称"夏"考

思想。可以认为,周人灭殷后,以史为鉴,意识到政权之更迭乃天命所为,周与夏和殷是存在联系的,而且他们也力图从历史中寻求此类联系。在周人看来,他们的先祖曾追随远古有德之王夏禹,夏禹乃尊奉天命的圣王之楷模。因此,周人代殷后自称为"夏"以示承夏禹之伟业,从而说明自己受天命的合理性,也就可以理解了。

五、《左传》中的楚庄王事迹与楚人的华夏认同意识

《左传》等文献中,楚人曾被华夏视为"蛮夷"(由于传统文献叙史特点,此处所说的楚人主要指楚国王族),[1] 而楚人亦有自称为"蛮夷"之说,学术界对楚王族来源及其与华夏和土著人群的关系等问题已有探讨,[2] 近年来随着新材料公布,对楚王族世系的探讨又

---

[1] 《国语》曾记载,鲁襄公欲借楚师以伐鲁,遭到荣成伯劝阻,后者称:"若不克鲁,君以蛮夷伐之,而又求入焉,必不获矣。不如予之。"徐元诰:《国语集解·鲁语下》,第185—186页。

[2] 参考刘家和教授著《楚邦的发生和发展》,见《古代中国与世界》,北京师范大学出版社,2010年,第198—251页;另有,王玉哲:《楚族故地及其迁移路线》,收入《古史集林》,中华书局,2002年,第256—263页;何介钧:《关于楚蛮和楚族族源的断想》,收入《湖南先秦考古学研究》,岳麓书社,1996年,第240—246页。

五、《左传》中的楚庄王事迹与楚人的华夏认同意识

有进一步推进。[1] 这些均对楚人的华夏认同意识之研究有重要促进意义。尽管春秋时期楚人有渐融入华夏之态势，但某些时期，如楚庄王时，其族群意识之特点更为鲜明。这里重点分析《左传》中与楚庄王有关的若干事迹，揭示其中楚人华夏认同意识的特征。

（一）楚庄王问鼎与楚人的政治态度

据《左传》记载，楚庄王，名旅，[2] 鲁文公十四年立（公元前613年），卒于鲁宣公十八年（公元前591年）。其在位期间，楚国势力迅速扩张，楚人与华夏的关系也日趋密切，庄王事迹中不少均与楚人和华夏的关系有关，能够反映出楚人对自我与他者的认识。其中，宣公三年庄王在周疆问鼎之事较为重要，《左传》对此事记载如下：

---

[1] 近年来公布的《楚居》原无篇题，由整理者定名，见《清华大学藏战国竹简（壹）》，中西书局，2010年。
[2] 《春秋》"宣公十八年"载"楚子旅卒"，见杜预注、孔颖达疏：《春秋左传正义》，《十三经注疏》，第1889页。按，《史记·楚世家》载"子庄王侣立"（见司马迁：《史记》，中华书局，1959年，第1699页），《史记》载其名为侣。按侣、旅通假，此处从《左传》。

楚子伐陆浑之戎,遂至于雒,观兵于周疆。定王使王孙满劳楚子。楚子问鼎之大小轻重焉。对曰:"在德不在鼎。昔夏之方有德也,远方图物,贡金九牧,铸鼎象物,百物而为之备,使民知神奸。故民入川泽山林,不逢不若。螭魅罔两,莫能逢之,用能协于上下,以承天休。桀有昏德,鼎迁于商,载祀六百。商纣暴虐,鼎迁于周。德之休明,虽小,重也。其奸回昏乱,虽大,轻也。天祚明德,有所底止。成王定鼎于郏鄏,卜世三十,卜年七百,天所命也。周德虽衰,天命未改,鼎之轻重,未可问也。"[1]

鼎即九鼎,系周人所获之前代遗物,是三代统治权力之象征。《史记》对此事记载多与此类似,又增加了楚庄王"子无阻九鼎,楚折钩之喙,足以为九鼎"一语,《路史》以为此语为司马迁自增,而鬼井昱则提

---

[1] 杜预注、孔颖达疏:《春秋左传正义》,第1868页。

五、《左传》中的楚庄王事迹与楚人的华夏认同意识

出史迁必有所本,[1] 从现有资料看,此问题不易作定论,不过并不影响我们对整件事情的理解。

问鼎一事与周天子的地位及楚与华夏关系密切相关。春秋时期周天子地位下降,但形式上仍受华夏诸侯国尊重。晋文公"请隧"即是一例。[2] 认可周天子权威是西周政治传统的遗风,亦是由于晋、郑、齐等诸侯国贵族当时自视为华夏,在抵御外部人群(即"夷狄")时产生了认同,而其凝聚力又依赖周天子为核心的周共同体,故周天子地位对其利益有积极意义。较之于晋国等国,楚庄王敢于挑战周天子权威,原因之一在于历史上楚人与华夏的关系。《左传》中,楚人回忆西周时期祖先熊绎之事,其"辟在荆山,筚路蓝

---

[1] 见泷川资言、水泽利忠:《史记会注考证附校补》,上海古籍出版社,1986年,第1006页。泷川资言承认,《史记》记楚庄王之言"未知所本",见同页。

[2] 《左传》曾载,晋文公曾向天子请隧。"周天子弗许,曰:'王章也。未有代德而有二王,亦叔父之所恶也。'"杜预注曰:"阙地通路曰隧,王之葬礼也,诸侯皆县柩而下。"见杜预注、孔颖达疏:《春秋左传正义》,1820页。可知"隧"为天子之葬制,与诸侯之葬制不同。周天子不允晋之请求,以维护天子权威作为理由。最终,晋文公放弃对用隧之特权的追求。这一现象反映出王纲坠地以及诸侯未彻底否认周天子之地位的现实。《国语》对此事记载更为详细。见徐元诰:《国语集解·周语中》,第51—54页。

缕，以处草莽。跋涉山林，以事天子。唯是桃弧、棘矢，以共御王事。齐，王舅也。晋及鲁、卫，王母弟也。楚是以无分，而彼皆有"。楚人尽管将先祖熊绎与"鲁公伯禽、卫康叔子牟、晋侯燮、齐太公子吕伋"并列[1]，但熊绎未分得器物，也未能融入周共同体中；楚人分析原因时指出齐、鲁、卫、晋等国国君为天子姻亲或弟兄，而楚君则不具备此特征，血统似乎成为楚国疏远华夏之依据。不过，究其根源仍在二者政治疏远，叔向曾写道："昔成王盟诸侯于歧阳。楚为荆蛮，置茅蕝，设望表，与鲜牟守燎，故不为盟。"[2] 可见春秋时期华夏成员仍认为周成王时楚人政治地位尚低。不过，由于关系疏远及楚实力增长，楚人心态亦发生变化，甚至有意识地疏远华夏，抵制周政权。周夷王时期，楚君熊渠自称"我蛮夷也，不与中国之号谥"。同时"立其长子康为句亶王，中子红为鄂王，少子执疵为越章王，皆在江上楚蛮之地"[3]。此处，熊渠以"蛮夷"自称，可能并非承认自身低于华夏，而是借用"华

---

[1] 杜预注、孔颖达疏：《春秋左传正义》，第2064页。
[2] 徐元诰：《国语集解·晋语八》，第430页。
[3] 司马迁：《史记·楚世家》，第1692页。

夏"对他者的称呼，表明自身与华夏的差异，是时楚人当无认同华夏的意识。[1] 在此历史背景下，庄王问鼎并挑战周天子的权威亦不足为怪。

问鼎之事为人所熟知，常被视为周天子权威下降的典型材料，杜预亦释这一行为是"示欲偪周取天下"，即庄王有夺取天下之野心。[2] 不过，它亦体现出楚人对华夏复杂的认识。

首先，楚庄王讨伐陆浑之戎之时，"观兵于周疆"，固然有彰显自身军事力量的意图，但从其接受王孙满劳师这一点看，可知其并未完全轻视周天子；且问鼎一事是试探性而非实质性行动，说明楚王对周天子尚存一定敬畏之心。进一步言之，九鼎及其在三代统治者之间传递的传说反映出先秦重要的政治传统。王孙满提到"桀有昏德，鼎迁于商，载祀六百。商纣暴虐，鼎迁于周"。其中提及华夏政治传统的三个重要特征，

---

[1] "蛮夷""夷狄"等称呼在春秋时期的文献中常常与表示负面的词语相联系，从《左传》等文献看，夷狄通常具有无耻、贪婪等特征，如"梁由靡曰：'狄无耻，从之必大克。'""晋侯曰：'戎狄无亲而贪，不如伐之。'""夷德无厌，若邻于君，疆埸之患也。"有关熊渠心态之研究，可参见台湾学者张其贤的博士报告：《"中国"概念与"华夷"之辨的历史探讨》，台湾大学博士报告，2009年，第93页。

[2] 杜预注、孔颖达疏：《春秋左传正义》，第1868页。

这里先讨论前两点。第一，三代政权有前后相继的关系，王权可以在三代统治者之间传递，政权的转移具有合法性，被当时人所接受。第二，九鼎在中国政治传统中具有鲜明的"纪念碑性"[1]，拥有九鼎象征王权统治具有合法性。楚庄王问鼎的行为中，虽然确实蕴含了从周天子手中夺得天下统治权力之愿望，但也蕴含了他对上述传统的认可，即承认当下周政权具有正统地位，自己要实现政权更迭需要取代周人之地位，同时，他认可获得九鼎对于获取统治合法性具有重要意义。因此，问鼎之目的虽在于试探九鼎所有权转移的可能性，但亦是楚庄王从华夏传统出发，为其取得华夏霸权服务，并使得自身统治具有合法性，能够获得华夏认可。否则庄王无须问鼎，依靠实力夺取霸权即可。

王孙满言论中重德是第三个特点。他对九鼎起源及其流传过程详加说明，将其与"德"密切联系，夏禹铸鼎之权力部分来自其具有德行，鼎在夏、商、周之间的转移，同样是由于德之得失与否，故王孙满曰

---

[1] 巫鸿：《九鼎传说与中国古代的"纪念碑性"》，《美术史研究》2002年第1期。

五、《左传》中的楚庄王事迹与楚人的华夏认同意识

"在德不在鼎"。结合华夏的政治传统,"德"长期以来是周人在政治领域颇为重视的概念,周初文献中,周人以小邦周战胜大邑商之后,深怀忧虑,不断反思殷亡周兴之过程,周公等人认为:"皇天上帝,改厥元子,兹大国殷之命,惟王受命",孔疏对此的解释是:"言纣虽为天所大子,无道尤改之,不可不慎也。"[1] 在周人看来,最高统治者之权力来自于天,故得天命的统治方具有合法性,而无道的统治者会失去天命。[2] 因此,天命并不固定从属于一姓一朝,而政权转移之依据在于统治者是否有德,无德者会失去天命,而有德者得之,故德与天命、政权是不可分离的。不过,王孙满之言似乎也有矛盾,他一方面承认"周德虽衰",另一方面又认为"天命未改",这是否可能?《孟子》中有对此类现象的解释是:"匹夫而有天下者,德必若舜禹,而又有天子荐之者,故仲尼不有天下。继世以有天下,天之所废必若桀纣者也,故益伊尹周公不有天下。"这里区分了"匹夫而有天下者"与"继世以有天下者",

---

[1] 《尚书·召诰》,见孔安国传、孔颖达疏:《尚书正义》,第212页。
[2] 参见易宁教授《中国古代历史认同观念的滥觞——〈尚书·周书〉的历史思维》,《史学史研究》2010年第4期。

有学者据此指出楚庄王属于"继世以有天下"者，需要现有统治者的德行衰落到相当之程度（即桀纣之程度）。[1] 此说不无道理，不过此问题尚可从其他角度认识。我们认为，从逻辑上看，"周德虽衰"与"天命未改"并不冲突。因为"有德"的对立面是"无德"，二者是一组矛盾，矛盾有排中性质，是非此即彼的关系，并不存中间选项；而"德之衰也"的对立面是"德盛"，二者是相反的关系，相反并不排中，德衰、德盛可以是有"德"基础上程度之多寡而已，王孙满的言论并不与"有德"矛盾。即使王孙满承认周之统治者德衰，但在一定限度内，仍不承认周天子"无德"，故"德衰"的周人，并不一定丧失天命。因此，王孙满的言论与周人传统思想有可融洽之处（当然，作为周王室贵族的王孙满无论如何是要为周统治合法性辩护的）。

面对王孙满的言论，楚王作何反应？《左传》在王孙满发言之后，随即转入下文，并未记载庄王之回应；《史记·周本纪》则曰"楚兵乃去"，[2] 而《楚世家》

---

[1] 李华：《简论九鼎与天命观思想》，《理论学刊》2014年第10期。
[2] 司马迁：《史记·周本纪》，第155页。

五、《左传》中的楚庄王事迹与楚人的华夏认同意识

则记载为"楚王乃归"。[1] 刘文淇认为，鉴于《左传》未记载此事，故此乃"史公采它书也"，并引《梁书·处士传》之"王孙满斥言，楚子顿尽"以证明，[2]《史记》记载出自司马迁之推测或另有所本，难以确定，不过楚人似确未有进一步行动。

那么，楚庄王的反应是不是出于认同华夏的"德"与政权之关系呢？究其原因，恐怕主要还是从现实考虑。从政治现实出发，楚庄王对当时国内外政治局势、军力对比均有考虑，特别是受晋国等华夏诸侯国的牵制，其力量可能尚不足以推翻周政权，[3] 固有继续认可周统治权之现象。进一步言之，楚庄王问鼎的行为其实与"德"相背离，他在"周德虽衰，天命未改"以及承认周正统地位的大背景下，触动了周天子的权威，此行为有违华夏尊重周天子的政治传统，也很难称为有"德"，以背离"德"之行为试图获取九鼎，取得政

---

[1] 司马迁：《史记·楚世家》，第1700页。

[2] 刘文淇：《春秋左氏传旧注疏证》，科学出版社，1959年，第636页。

[3] 力量的对比，是影响楚人是否承认自身属于周政权的重要原因之一。一个典型例子是：《左传》记载，当齐桓公大兵压境，责问"王祭不共"，楚人即承认"贡之不入，寡君之罪也，敢不共给"。见杜预注、孔颖达疏：《春秋左传正义》，第1793页。

权的合法性,这与华夏将"德"与天命相联系的传统观念并不一致。不过,若将庄王的行为置于当时大背景下考虑,也就可以理解了。春秋时期政治权力合法性与"德"已有所分离,齐国等"挟天子以令诸侯"实际上并无德可言,"德"只不过在统治者需要时才能体现其作用,而掌控政治权力则是大国诸侯追求的目标。由楚庄王事迹可知,政治因素已成为华夏认同的重要特点。

(二)庄王论"武德"与楚人对华夏文化的认同

《左传》所载楚庄王事迹中,亦不乏对华夏文化思考与接受的事例。晋楚邲之战后,楚庄王论"武德"即是一例。该段文字如下:

> 潘党曰:"君盍筑武军,而收晋尸,以为京观。臣闻克敌,必示子孙,以无忘武功。"楚子曰:"非尔所知也。夫文,止戈为武。武王克商。作《颂》曰:'载戢干戈,载櫜弓矢。我求懿德,肆于时夏,允王保之。'又作《武》,其卒章曰:'耆定尔功'。

五、《左传》中的楚庄王事迹与楚人的华夏认同意识

其三曰:'铺时绎思,我徂维求定。'其六曰:'绥万邦,屡丰年。'夫武,禁暴、戢兵、保大、定功、安民、和众、丰财者也。故使子孙无忘其章。今我使二国暴骨,暴矣;观兵以威诸侯,兵不戢矣。暴而不戢,安能保大?犹有晋在,焉得定功?所违民欲犹多,民何安焉?无德而强争诸侯,何以和众?利人之幾,而安人之乱,以为己荣,何以丰财?武有七德,我无一焉,何以示子孙?其为先君宫,告成事而已。武非吾功也。古者明王伐不敬,取其鲸鲵而封之,以为大戮,于是乎有京观,以惩淫慝。今罪无所,而民皆尽忠以死君命,又何以为京观乎?"祀于河,作先君宫,告成事而还。[1]

潘党为楚大夫,建议楚庄王收晋尸筑为京观,以彰显武功(杜注京观为"积尸封土也")。这一建议被庄王否定;他将武字解释为"止戈为武",尽管这并不符合"武"字本义,但体现出庄王对武之功效有较深

---

[1] 杜预注、孔颖达疏:《春秋左传正义》,第1882—1883页。

刻的认识；他进一步对"武德"作出了全面的诠释，即"禁暴、戢兵、保大、定功、安民、和众、丰财"，如果将其大致分类，主要是对社会安定和对民众利益的追求，而前者与后者相吻合，故庄王所谓"武德"根本仍在于民众之利益，这一点符合前述周初以来华夏对"德"的理解。他在阐述"武德"时，又举武王之例，显示其欲以华夏著名统治者周武王为效法对象。而且，庄王对"武德"的论述与政治实践相结合，是为其政治活动服务的，其反对筑京观的行为又与华夏文化相契合。可知，庄王不仅在政治权力合法性上认同华夏，也在"武德"等方面认同华夏了。[1]

楚庄王论"武德"时对华夏文化的认同还表现为熟悉华夏的"礼"。其与楚人交流时，能引诗作为论证之依据，这与春秋时期华夏的习惯相吻合。从《左传》等文献看，诗是华夏贵族交聘以及抒发个人感情的重

---

[1] 有学者提出，从问鼎到论"武德"反映出在问鼎之后，楚庄王接受中原文化的发展路径（见王德华《楚庄王的霸业与楚国的出路——楚民族政治理性与民族个性精神的双重提升》，《史学月刊》2002年第10期）。王文主要是从楚民族精神和民族理性的角度讨论此问题。我们从上述两条材料不一定能推断出此过程，但庄王对华夏的认同无疑是多方面的。

五、《左传》中的楚庄王事迹与楚人的华夏认同意识

要工具,可以传递信息、臧否人物,故贵族多能言之。但随着礼崩乐坏,华夏诸侯国中已经有不少贵族不知《诗》了,《汉书·艺文志》称"春秋之后,周道寖坏,聘问歌咏不行于列国"即描述此现象,[1] 不过,这类贵族受到歧视,被视为"不知礼",可知熟悉并根据场合吟诵诗仍是对华夏贵族的要求之一。据董治安先生统计,在《左传》《国语》中,引诗、赋诗之例以鲁、晋、郑等国最多,分别达到 66、72、32 条,三国国君均系周天子之同姓,为华夏的重要诸侯国。相反,明确由所谓戎狄部落贵族引诗的例子仅一条,即襄公十四年,戎子驹支赋《小雅·青蝇》。[2] 即使考虑《左传》主要记载华夏事迹,据此数据,赋诗也主要存在于华夏贵族中。而楚庄王熟悉诗,并可根据需要熟练运用,

---

[1] 班固:《汉书·艺文志》,中华书局,1962 年,第 1756 页。《左传》载,叔孙穆子访问晋国,晋侯奏天子享诸侯所用的《肆夏》、诸侯相见所奏的《文王之什》招待,穆子只拜谢了晋侯致意鲁公的《鹿鸣》与晋侯慰问自己的《四牡》,穆子的行为是符合礼节的,然而韩献子对此并不理解。见杜预注、孔颖达疏:《春秋左传正义》,第 1931—1932 页。

[2] 董治安:《从左传国语看"诗三百"在春秋时期的流传》,见山东大学古籍整理研究所编《古籍整理研究论丛》,山东大学出版社,1991 年,第 40—41 页。需要指出的是,戎子驹支本人已经高度华夏化了。

并不逊于华夏贵族。同时,《左传》等文献中,楚人引《诗》之例并不少见,共计 20 条。[1] 其中,庄王引《诗》数量多,来源丰富,尤为引人注目,此处他一次引用四条,其内容基本与《诗经》传本无异。此外,楚贵族孙叔敖于同年引《诗》一次(引《小雅·六月》"元戎十乘,以先启行"),亦可左证当时楚贵族对《诗》较为熟悉,且有引《诗》之习惯,此五例即占据文献中楚人引诗之四分之一。如果考虑到《左传》中,引诗之例主要集中于襄、昭、定、哀等鲁国后四公时期,则楚庄王时期(鲁宣公时)引诗例子的分量就不言而喻了,亦可见当时楚贵族受华夏文化影响之深。

庄王对华夏文化之熟悉,与当时楚国教育方面的华夏化相一致。根据《国语》所载,庄王时士亹因教育之事求教于申叔时:

> 叔时曰:"教之《春秋》,而为之耸善而抑恶焉,以戒劝其心;教之《世》,而为之昭明德而废幽昏焉,以休惧其动;教之《诗》,而为之导广显

---

[1] 董治安:《从左传国语看"诗三百"在春秋时期的流传》,第 40—41 页。

五、《左传》中的楚庄王事迹与楚人的华夏认同意识

德,以耀明其志;教之礼,使知上下之则;教之乐,以疏其秽而镇其浮;教之《令》,使访物官;教之《语》,使明其德,而知先王之务用明德于民也;教之《故志》,使知废兴而戒惧焉;教之《训典》,使知族类,行比义焉……"[1]

这段言论有不少值得注意之处。首先,其中提到了教育贵族所用之文献,包括《春秋》《诗》以及《世》《令》《语》《故志》《训典》等,根据前人解释,《诗》即《诗经》,《春秋》应即楚之《梼杌》,而《世》《令》等应该是先王世系以及楚国政治文献等,楚人教育贵族之资料中包含有华夏所使用的文献。教学材料、内容的相似性,应当是包括楚庄王在内的楚国贵族熟知华夏文化的重要原因。尽管有前辈学人认为庄王所引用的《诗经》之内容与华夏传世版本之顺序有所不同,[2] 不过就内容言,这并不影响楚人对华夏文化的接

---

[1] 徐元诰:《国语集解·楚语上》,第485—486页。
[2] 参见刘文淇《春秋左氏传旧注疏证》,第716页。杨伯峻先生则认为这是由于《诗》古今之别,参见杨伯峻《春秋左传注》,中华书局,1990年,第745页。不过,从内容和思想看,其与华夏并无明显区别。

受与认可。其次,从教育目的来看,楚贵族教育主要侧重两方面,一是强调贵族对政事的处理能力,为将要从事的政治活动提供准备,如"使知上下之则"、"使知废兴而戒惧焉";二则是道德的培养,比如诗之作用"为之导广显德,以耀明其志",即开导以诗之所赞美之先王之德,"礼"之作用则在于教诲其上下之规矩,"乐"之作用则是以"以疏其秽而镇其浮",以荡涤内心之邪,而镇其轻浮。而华夏对儒家经典之教化作用同样有深刻认识,《礼记》称"温柔敦厚,诗教也,疏通知远,书教也,广博易良,乐教也。絜静精微,易教也。恭俭庄敬,礼教也。属辞比事,春秋教也"。[1] 可知,华夏教育作用亦在于陶冶人之情操,培养人之品格,塑造熟悉实际工作的人才,故楚国贵族教育目的与华夏教育有相似性。正因如此,这时期楚人能够了解华夏文化并达到相当之高度,以致逐渐认同华夏文化。

值得一提的是,楚国这一时期文化上的迅速华夏

---

[1] 郑玄注、孔颖达疏:《礼记正义》卷五十,第1609页。有学人总结先秦时期楚国教育的特征,并对其与华夏教育的特征作出比较,参见高华平《先秦教育思想观念的演变史——论楚简中"教"字的几种写法》,《中国文化研究》2010年第3期。

化，与其政治上接触华夏似乎同步，在庄王时期达到高峰，可能正是由于楚人逐渐积极介入华夏事务，才有了其对华夏文化，特别是礼乐文明的熟悉。

（三）楚人的血统问题

除了政治、文化领域与华夏接近之外，强调共有血缘本是融合所谓蛮夷与华夏，并使得夷狄产生认同的重要手段，但在《左传》等文献中，这一点在庄王时期并未被突出强调。

春秋时期，夷狄通过强调与华夏的血缘联系而融入华夏的例子并不罕见，例如当同样被视为蛮夷的吴国试图融入华夏时，就不断强调自身的华夏血统，而华夏也试图接受其身份。[1] 楚人历史上也曾认为自身具有华夏血统。《左传》僖公二十六年载：

> 夔子不祀祝融与鬻熊，楚人让之，对曰：'我先王熊挚有疾，鬼神弗赦，而自窜于夔。吾是以失楚，又何祀焉？'秋，楚成得臣、斗宜申帅师灭夔，以夔子归。[2]

---

[1] 《左传》"哀公十三年"载，黄池之会时，吴王自称"于周室，我为长"（杜预注、孔颖达疏：《春秋左传正义》，第2171页），是强调自身为太伯之后，而《国语·吴语》载，周敬王亦曾对吴人说："苟，伯父令女来，明绍享余一人，若余嘉之。昔周室逢天之降祸，遭民之不祥，余心岂忘忧恤，不唯下土之不康靖。今伯父曰：'戮力同德。'伯父若能然，余一人兼受而介福。伯父多历年以没元身，伯父秉德已侈大哉！"（徐元诰：《国语集解》，第554页）周人称同姓诸侯国为伯父，这证明当时吴国王室之姬姓身份得到华夏的认可。王明珂提出一种可能，从吴国历任君主的姓名看，吴国君主在深度华夏化时，利用了太伯奔吴的传说以合理化自身的华夏身份，而华夏成员为了自身利益考虑，也愿意认可其与华夏有血缘联系。王明珂还指出，楚人君主的华夏身份可能也是上层的构建。见王明珂《华夏边缘——历史记忆与族群认同》，社会科学文献出版社，2006年，第163—184页。无论吴君主是否真的源出华夏，在春秋时期，吴人逐渐融入华夏并与华夏相互认同是一事实；而楚人同样具有祖先来自华夏的历史记忆。

[2] 杜预注、孔颖达疏：《春秋左传正义》，第1821—1822页。

五、《左传》中的楚庄王事迹与楚人的华夏认同意识

楚人以夔子不祭祀祝融、鬻熊，责备夔人。此处杜注提到，"祝融，高辛氏之火正，楚之远祖也，鬻熊，祝融之十二世孙，夔，楚之别封，故亦世绍其祀"。杜预认为楚人与夔人均源出于祝融，并指出祝融为高辛氏之火正。《史记·楚世家》中早已提及，"楚之先祖出自帝颛顼高阳。高阳者，黄帝之孙，昌意之子也。高阳生称，称生卷章，卷章生重黎。重黎为帝喾高辛居火正，甚有功，能光融天下，帝喾命曰祝融。共工氏作乱，帝喾使重黎诛之而不尽。帝乃以庚寅日诛重黎，而以其弟吴回为重黎后，复居火正，为祝融"[1]。《史记》记载楚之先为颛顼（黄帝之后），重黎为颛顼之后，在高辛氏时担任火正，被称为祝融；且在重黎死后，祝融又被其弟继承，"祝融"似乎为楚国先祖共享的一种称号。刘文淇提出杜注应出自《史记》。[2] 在提及楚先祖祝融为华夏之后代时，《楚世家》又提及，"吴回生陆终。陆终生子六人"，其六子季连，"季连生附沮，附沮生穴熊。其后中微，或在中国，或在蛮夷，弗能纪其世。周文王之时，季连之苗裔曰鬻熊。

---

[1] 司马迁：《史记·楚世家》，第1689页。
[2] 刘文淇：《春秋左氏传旧注疏证》，第400页。

鬻熊子事文王"。[1]《楚世家》中，自吴回之后，楚人的世系为陆终—季连—附沮—穴熊，而在穴熊之后，世系则发生了分化，有的分布于华夏，有的则分布于蛮夷地区。近年来整理发布的"清华简"《楚居》中写道："季连初降于騩山，氐于空（穴）穷，逅（迁）出于乔山，宅凥爰波，逆上洲水，见盘庚之子凥于方山，女曰妣佳，秉慈率相，历游四方。季连闻其有娉，从，及之盘，爰生纴伯、远仲，毓徜徉，先凥于京宗。穴酓遟徙于京宗，爰得妣烈。逆流哉水，毕状瑿（毖）耳，乃妻之，生侸叔、丽季，丽不从，溃自胁出。妣烈宾于天，巫并该其胁以楚，氐今曰楚人。"[2]《楚居》的记载与《史记》有所不同，在《史记》中，穴熊时代早于鬻熊。《楚居》亦提及穴熊，但有学者认为，该文献可进一步证

---

[1] 司马迁：《史记·楚世家》，第1690—1691页。按《大戴礼记·帝系》，"颛顼娶于滕氏，滕氏奔之子，谓之女禄氏产老童。老童娶于竭水氏，竭水氏之子，谓之高緺氏，产重黎及吴回。吴回氏产陆终。陆终氏娶于鬼方氏，鬼方氏之妹谓之女隤氏，产六子；孕而不粥，三年，启其左胁，六人出焉。……其六曰季连，是为羋姓。"见王聘珍：《大戴礼记解诂》，中华书局，2004年，第127—128页。另，邾公釛钟铭文亦证明陆终之存在。

[2] 释文引自李守奎《论〈楚居〉中季连与鬻熊事迹的传说特征》，《清华大学学报》2011年第4期。

五、《左传》中的楚庄王事迹与楚人的华夏认同意识

明穴熊即鬻熊，而非两人。[1] 同时，《楚居》中楚人的源头追溯于季连。但值得注意的是，《楚居》提及季连之妻妣佳为盘庚之孙辈，如盘庚为商人盘庚，亦可反映出楚人的世系与当时华夏的世系有着密切的关系。[2] 其实，除此之外，"鬻熊"与"祝融"之关系早已被学者所指出，楚人远祖为祝融，鬻熊可能是祝融之异文。[3] 因此，所谓的鬻熊亦可反映楚人自认为与出身华夏的祝融具有联系。

从历史事实而言，楚人是否真的为祝融之后，是否真与华夏有关，仍可以讨论。但在楚人观念中，自身为祝融之后，且祝融曾担任高阳氏之火正，或者说自身源出华夏，这在春秋时期楚人观念中确实存在，

---

[1] 清人孔广森已提出"鬻熊即穴熊"（《大戴礼记补注》，见阮元编《清经解》，凤凰出版社，2005年，第5960页）。有关《楚居》对这一问题的讨论，参见李学勤《论清华简〈楚居〉中的古史传说》，《中国史研究》2011年第1期。

[2] 李学勤先生认为，这与商朝势力影响与南方有关。参见李学勤《论清华简〈楚居〉中的古史传说》，《中国史研究》2011年第1期。

[3] 杨宽：《中国上古史导论》，吕思勉、童书业编著：《古史辨》第七册上，上海古籍出版社，1982年，第308页。刘家和先生亦指出，鬻熊与祝融上古音接近，可能即是其异文，见刘家和先生著《古代中国与世界》，第207页。王玉哲先生亦认为楚人祖先在商末活动于中原地区，参见氏著《楚族故地及其迁移路线》一文。

甚至战国时期仍有影响，屈原曾自称为"帝高阳之苗裔兮"，正与"楚之先祖出自帝颛顼高阳"相合。既然楚人在历史上曾有过先祖来自华夏的记忆，并在后世有所反映，楚庄王时期，楚人在政治上、文化上接近华夏，认同华夏的同时，却为何不突出强调自身与华夏的血缘联系？

楚人对以上问题认识的出发点之一，是由于华夏认同自身的特点。先秦华夏划分自我与"蛮夷"时，固然不完全否定血统的意义（前述吴王族和华夏基于血缘的相互认同即出于此考虑，不过这仍建立在吴贵族文化高度华夏化的基础上），但主要强调其文化与政治认同而非共有血缘，这已为学者所熟悉。唐代韩愈在《原道》中也提到"孔子之作春秋也，诸侯用夷礼则夷之，进于中国则中国之"，恰当地说明了先秦时期以文化而非血缘辨别华夷的观念。[1] 故华夏认可"蛮夷"与华夏的身份可以相互转化，此观念蕴含着血统不足以成为认同的标准，并从理论上对此加以了论证。甚至作为华夏代表的姬姓周人认为，自身的祖先在历

---

[1] 韩愈:《韩昌黎全集·原道》，世界书局，1935 年，第 174 页。

五、《左传》中的楚庄王事迹与楚人的华夏认同意识

史上也曾经历了夷狄化和再次华夏化的过程。[1] 楚人可能受此影响,他们虽承认自身祖先为祝融,源出华夏,但同时,熊渠等人自认为"蛮夷",且"不与中国之号谥",楚国为蛮夷之说在春秋战国时期仍有影响,两种意识之间存在明显矛盾,这恰表明是时楚王族同样不将蛮夷身份与出身相联系,而是以华夏为参照物,确立自身的身份。这种身份就是可以转化的,楚人的这种身份也被华夏所接受。《春秋繁露》曰:"'《春秋》之常辞也,不予夷狄,而予中国为礼,至邲之战,偏然反之,何也?'曰:'《春秋》无通辞,从变而移,今晋变而为夷狄,楚变而为君子,故移其辞以从其事。'"[2] 按,董仲舒将邲之战视为楚变为华夏之关键节点,且重点在于是否遵从华夏之礼,《春秋繁露》虽出自汉代,但这一论断是符合春秋时期历史的。在这一问题上,

---

[1] 据《国语》记载,周人先祖不窋曾窜至戎狄,而《史记·匈奴列传》则记载,周先祖公刘"失其稷官,变于西戎,邑于豳",是后世接受周人的夷狄化过程。而至古公之后,周人迁居歧下,逐渐又开始了华夏化过程。有关夷夏转换的问题,参见刘家和教授的《关于中国古代民族关系特点的几点思考》一文(《河北学刊》2006年第3期)。

[2] 苏舆:《春秋繁露义证》卷二《竹林》,中华书局,2002年,第46页。苏注指出"以此见中国夷狄之判,圣人以其行,不限以地明矣"。

楚人与华夏观念具有一致性，由于以政治、文化而非血缘作为华夏认同的基础，即使楚贵族需要接近华夏，亦主要表现为政治或文化的认同，而不需要通过血缘强化双方的关系。这一点可能也成为楚庄王时期未强调与华夏血缘接近的原因之一，从一个侧面反映出华夏认同观念对楚人的影响。

另外，也应当考虑楚国当时的实际情况。楚人在政治上、文化上曾长期与华夏疏远，形成了深刻的烙印，春秋时期楚国逐渐与华夏接近能够缩小这一间隙，却无法使其立即消失。庄王时楚人仍与华夏保持一定的距离，这在前述庄王问鼎的问题上已经有较多的讨论，因此，该时期楚人与华夏的融合未最终形成。而从楚庄王的言行看，虽已部分认可华夏的政治、文化传统，但在政治实践上仍未彻底华夏化，因而完全认同并被华夏认同的情况尚未出现，这与夫差时期试图彻底融入华夏的吴人有所不同。同时，正如王明珂指出的，在吴人认同华夏时，华夏亦可从这一过程中获利，而庄王时期，楚人和中原的晋国等仍处于敌对状态，这是另一个重大差异。故庄王时期楚人亦无须强调其华夏血统。

五、《左传》中的楚庄王事迹与楚人的华夏认同意识

《左传》中，楚庄王时期是楚人逐渐产生华夏认同观念的重要节点。自庄王始，楚人的华夏化发展明显，不仅更积极主动地介入华夏事务，且楚人在文化上、心态上逐渐与华夏接近。同时，华夏对楚人的认识也有所改变，自庄王始，楚君去世等事迹出现于《春秋》等文献之中。[1] 而战国时期乃至秦汉时期，尽管楚地文化仍有其独特性，但楚人已经被视为华夏的一员，楚庄王时期的贡献不可忽视。

楚庄王事迹表现出三个特点。一是楚人对华夏认同中交杂着血缘、政治与文化等三个因素；二是春秋时期血缘因素在楚人认同华夏时渐渐失去其重要性；三是政治因素和文化因素是决定性因素，两者重要性在不同时期亦有所差异，然其异中有同。楚人清醒地认识到，华夏认同是他们在中原争夺霸权的决定性因

---

[1] 《左传》"文公十四年"记"楚庄王立"，但《春秋》不载，见杜预注、孔颖达疏：《春秋左传正义》第1853—1854页。杨伯峻先生以为"楚穆卒于去年，楚庄立于今年，《春秋》俱未书，盖以其未来告也"。《春秋》"宣公十八年"记"楚子旅卒"，见杜预注、孔颖达疏：《春秋左传正义》，第1890页。杨注"楚君之卒书于《春秋》者始于此"。可参见杨伯峻：《春秋左传注》，第604、776页。尽管"宣公十四年"杜注、孔疏仍认为吴、楚僭称王，"同之蛮夷"，但书卒毕竟显示出华夏逐渐认可楚人。

素。若把握此三点以思考《左传》中的"华夷之辨",就能清楚地看到,所谓的"蛮夷戎狄"也在认识自我与他者,尽管他们有时会称"蛮夷",不认同华夏,但他们对自身与华夏边界的认识受到华夏观念的影响。其中,依赖于文化、政治而非血缘的华夷观念渐为所谓的夷狄所接受,使得夷狄也在与华夏的交流之中积极融入华夏。

六、论先秦时期夷狄认同华夏的观念

先秦时期,华夏人在形成自我认同的同时,也赋予他者以夷狄等贬斥性的称号,表明该时期他们已经认识到自我与其他人群的区别。学术界一般认为,此时华夏人区分自我和夷狄主要是"礼别华夷",即依据其是否接受华夏的文化判定其是否属于华夏,而是否具有华夏血缘并不是华夏和夷狄的最重要区别。与此同时,华夏对华夏化的夷狄人群也有逐渐认同的趋势。那么这一时期华夏的族群认同观念是否对夷狄的观念也有重要影响?我们注意到,除了楚国之外,在其他所谓的夷狄人群中,也有认同华夏的现象,这里拟以先秦传统文献中夷狄认同华夏的观念为考察对象,通过对其中血缘、文化与政治三方面及其联系的更全面梳理，更好地认识先秦时期夷狄认同华夏的观念。

（一）血缘关系对夷狄认同华夏的影响

先秦时期，夷狄尽管被华夏视为不同的人群，但有些夷狄仍认为祖先来自华夏集团，自身与华夏成员有密切的血缘联系。如春秋时期的吴国曾长期被视为夷狄，但《左传》哀公十三年载："秋，七月，辛丑，盟。吴、晋争先。吴人曰：'于周室，我为长。'"[1]此处"周室"即指姬姓人群，吴人自认为属于"周室"，并在姬姓中"居长"，这一判断是基于吴人对自身与其他姬姓成员血缘关系的认识：根据《史记》记载，吴开国之君——吴太伯不仅来自姬姓，而且是周太王之后，文王之伯父，司马迁的记载与《左传》的记述吻合，应当符合春秋时期吴国贵族对自身血统的判断。亲近的血缘联系促使吴人认同华夏，不仅在此处争当华夏盟主，在其他场合也将自己归入华夏集团。《国语》也提及了吴人的一段话："天子有命，周室卑约，贡献莫入，上帝

---

[1] 杜预注、孔颖达疏：《春秋左传正义》，第2171页。

六、论先秦时期夷狄认同华夏的观念

鬼神而不可以告。无姬姓之振也,徒遽来告。孤日夜相继,匍匐就君。君今非王室不平安是忧,亿负晋众庶,不式诸戎、狄、楚、秦。"[1] 吴王在谴责晋人的同时,表明自己是周王室利益的代表者,并视夷狄为外人,显然自认为华夏成员,其理由仍是自身同属姬姓。吴国贵族的例子表明,血统在某些时候可被视为夷狄获得华夏身份的证据之一。

对于吴国贵族华夏血统是否可靠,学术界看法不尽一致。有学者认为他们确属于姬姓,并认可其系太伯之后的说法。[2] 但也有人对此持怀疑或反对态度,认为他们与太伯并无关系。[3] 近年来,台湾学者王明珂等人更倾向于否认吴贵族和华夏人之间存在真实的血缘联系。[4] 尽管吴国贵族的华夏血统值得怀疑,但难以否认的一点是:这些华夏眼中曾经的夷狄在观念

---

[1] 徐元诰:《国语集解·吴语》,第 550 页。
[2] 徐中舒先生从战略角度分析,认为太伯奔吴是周人经营南土之始(《殷周之际史迹之探讨》,收入《徐中舒历史论文选辑》,中华书局,1998 年),而唐兰先生的《宜侯夨簋考释》一文则利用考古材料证明古典文献中太伯奔吴的可靠性(《考古学报》1956 年第 2 期)。
[3] 王玉哲先生等认为太伯的活动区域主要在北方而非南方(《先周族最早来源于山西》,《中华文史论丛》1982 年第 3 期)。
[4] 王明珂:《华夏边缘——历史记忆与族群认同》,第 179—182 页。

上已经认同华夏,而认同主要依据他们自认为与华夏存在血缘联系;尽管这种认识主要存在于观念之中,并不一定反映真实的血缘,但依然具有重要意义。

从反面看,与华夏的血缘联系却又不能保证夷狄一定认同华夏。西周至春秋时期,一些族群自认与华夏血缘一致,但他们并不认同华夏,而是以夷狄自居。《左传》襄公十四年提到,晋人以"言语泄露"为由,扣押姜戎氏的首领戎子驹支,戎子驹支在辩解时自称是"四岳之裔胄"[1]。一般认为,四岳为姜姓人群的祖先,华夏诸侯国中的齐国等姜姓诸侯国就是四岳的后裔,[2] 后者的华夏身份无可置疑。姜戎虽与齐国贵族等具有共同祖先,但其首领戎子驹支却自称"我诸戎",并指出诸戎与华夏不同,显然他并不认同华夏。此为血缘不能决定夷狄认同华夏的一重证明。

此外,从西周到战国时期,一些族群时而认同华夏,时而以夷狄自居,是否认同华夏并不完全由血缘

---

[1] 杜预注、孔颖达疏:《春秋左传正义》,第1956页。
[2] 《国语·周语下》载"申、吕虽衰,齐、许犹在",并认为此四国为四岳之后。见《国语集解》第97页。关于"四岳",还可参见顾颉刚先生《"四岳"与"五岳"》一文,收入其著《史林杂识初编》,中华书局,1963年。

六、论先秦时期夷狄认同华夏的观念

来决定。如前述楚王室的祖先鬻熊被视为华夏的重要成员,而楚王室在庄王时也曾自认为华夏,但楚国在历史上也曾长期不认同华夏。西周时期,楚君熊渠公然宣称"我蛮夷也,不与中国之号谥",明示不属于华夏成员,直到春秋时期,此观念仍有余波,《国语》载,春秋后期楚大夫王孙圉出使于晋,与晋国赵简子论宝时说明:楚以人才等为宝贝;而对晋国视为珍宝的白珩等珍贵物品,王孙圉则指出:"楚虽蛮夷,不能宝也。"[1] 尽管春秋时期楚庄王等贵族已经逐渐认同华夏,王孙圉此语可能有反讽之意,但也表明早期楚国不认同华夏的观念余波深远。这些例子是血缘不能决定夷狄认同华夏的又一证明。

对夷狄而言,认为自身与华夏具有血缘联系是其融入华夏的证据之一,在其需要时,可以证明自身属于华夏成员,但部分认可与华夏人群有共同祖先的夷狄也并非始终认同华夏,可见华夏血缘并非夷狄认同华夏的根本保证。

---

[1] 徐元诰:《国语集解·楚语下》,第525—527页。

（二）文化对夷狄认同华夏的影响

我们知道，文化被先秦华夏人视为区别自我与夷狄的重要依据，那么，文化对夷狄认同华夏的意识有何意义？是否具有比血缘更为重要的作用？对这一问题，应该从两个方面予以讨论。

第一，一些夷狄虽然自认为血缘与华夏相同，但未必一定认同华夏，原因之一就在于他们认为自身与华夏的文化存在差异，这成为他们认同华夏的障碍。即使是春秋时期自认为属于姬姓成员并认同华夏的吴国贵族，在此之前，即西周建国之后很长时间内，与华夏的文化也不相同，这极大影响了吴贵族对自身族属的认定。《史记》记载，姬姓的吴太伯来到吴地之后，"文身断发"，《集解》引应劭注解释为："常在水中，故断其发，纹其身，以象龙子"，[1] 应劭认为该行为与吴地的自然条件有关。"文身断发"应当是土著人群的习俗，太伯到当地后抛却了华夏习惯，转而接受夷狄

---

[1] 司马迁:《史记·吴世家》，第 1445 页。

习惯。而此后吴贵族的文化沿着与华夏不同的道路发展，与之对应的是，此后很长时间里，吴贵族确实失去了与华夏的联系，很难说他们此时期内仍认同华夏。而在其他夷狄眼中，这一行为也影响了他们对太伯族属的认识，《史记》在太伯"文身断发"之后提到，"荆蛮义之，从而归之千余家"，"荆蛮"是当地夷狄，这从侧面反映出他们因为太伯采取夷狄文化而认可其夷狄的身份。

有时，夷狄与华夏的文化差异是否真实存在并不重要，只要夷狄在观念上自认为与华夏文化不同，就有可能导致他们不认同华夏。例如，姜戎的首领戎子驹支自认是"四岳"后裔，但他并不认同华夏，为自己辩解时指出夷狄与华夏的文化不同："我诸戎饮食衣服不与华同，贽币不通，言语不达。"[1] 其中提及的饮食衣服、贽币、言语等均属于文化内容，戎子驹支认为，姜戎的文化与华夏有异，同时他自称"诸戎"，很显然文化差异是他不认同华夏的重要依据。不过，戎子驹支的言论可能并非现实的反映，他本人对华夏文化并

---

[1]　杜预注、孔颖达疏：《春秋左传正义》，第1956页。

不陌生，在受到晋国贵族责难时，他"赋《青蝇》而退"，这正是利用华夏的礼仪——赋诗以明心志。[1] 但最终观念上的文化差异战胜了现实，导致了姜戎自认为夷狄而非华夏。

第二，一些夷狄虽然历史上曾经疏远华夏文化，也不认同华夏，但在与华夏不断接触中仍有可能受到华夏的影响，接触和学习华夏文化；而接受华夏文化使他们不再与华夏疏远，转而认同华夏。楚国虽然在西周之后长期不认同华夏，但春秋时期情形发生了变化，这与楚国贵族学习和接受华夏文化有密切联系，楚国贵族对华夏文化并不陌生，前述晋楚邲之战后，楚庄王多次引用以及对"德"的论述体现出楚庄王对华夏文化有深入了解，并能熟练运用即是一例。而当楚庄王以《诗》论证德的重要性时，将保德、安民作为其争夺华夏霸权的基础、争夺华夏霸权的前提，又正是将楚国置于华夏共同体之中，这也是楚王认同华夏的体现。说明由于对华夏文化的了解和接受，所谓的夷狄不再将自己看作与华夏不同的人，逐渐认同

---

[1] 杜注曰："《青蝇》，《诗·小雅》，取其'恺悌君子，无信谗言'。"

六、论先秦时期夷狄认同华夏的观念

华夏。

对学习、接受华夏文化以致认同华夏的夷狄而言，具有华夏血缘显然并非其认同华夏的必要条件。从春秋到战国时期，华夏周边以及华夏诸侯国之间的夷狄人群不少都接受了华夏的文化，而这些夷狄当中，未必均在观念上认为与华夏存在血缘联系。与之对应的是，这一时期文献中与夷狄对立的"华夏""诸华"等概念逐渐消失，这说明随着夷狄学习华夏文化，华夏已不再将其视为夷狄，而他们也逐渐认同华夏了。

先秦时期，即使同一人群，是否认同华夏的情况也可能发生转化。而其是否接受华夏的文化对其认同华夏与否有巨大影响，接受华夏文化的夷狄可能较容易认同华夏，反之往往难以认同华夏。这说明，文化对夷狄认同华夏的影响超越了血缘，占据重要的地位，这一点与华夏对夷狄身份的辨别是一致的。

（三）政治、血缘、文化三者的关系及其对夷狄认同华夏的影响

尽管与华夏相同的文化和血统对夷狄认同华夏意义重大，特别是华夏文化的影响尤为显著。但在夷狄是否认同华夏这一问题上，政治因素也参与其中，并在血统、文化背后发挥着重要作用。

如前所述，先秦时期一些夷狄自认为具有华夏血统，但是在历史上，这些夷狄认同或者不认同华夏的情况都存在，而究其原因，其背后常常有政治利益的影响。一方面，一些夷狄虽具有华夏血统，但当其不强调华夏血缘并因此不认同华夏时，往往是由于政治上与华夏疏远或者有政治疏远的需求，故有意区分自我与华夏。如春秋时期的楚贵族虽认可祖先来自华夏，但从西周之后这种血缘关系很长时间内未受到其重视，一个重要原因就是他们与周王室长期疏离，到西周昭王时期甚至走向对立。出于对自身利益的考虑，他们表现出其独立的一面。熊渠宣称"不与中国之号

六、论先秦时期夷狄认同华夏的观念

谥"进而分封诸子,表明其脱离华夏政治框架,这进一步导致了楚人不再重视与华夏的血缘联系,而是自称"蛮夷"。另一方面,即使是强调自身的华夏血缘并认同华夏的夷狄,其认同华夏的行为背后也常常有着政治利益的考量。吴贵族虽自认为是太伯之后,但在西周之后很长时间内,他们并未表现出亲近华夏的一面。而在春秋时期他们开始强调自身的华夏血缘并非偶然。吴国临近楚国等强国,然而很长时期内它在与楚国的斗争中并不占优势。通过强调与华夏的血缘关系,吴国获得了华夏的支持,晋国等诸侯国"教之(吴)战陈、教之叛楚"[1],极大增强了吴国与楚国等国抗衡的实力,并为吴国进入中原地区与其他华夏诸侯国盟会、争霸提供了依据,而华夏诸侯国也乐于见到吴国成为自己的"兄弟之邦",成为中原诸侯国抵御楚国等夷狄的重要伙伴。在王明珂等学者看来,此类活动都具有很深的政治背景,这也从侧面证明了吴国对华夏血缘的重视与当时的政治形势有关。[2] 可见,当夷狄政治上存在与华夏接近的需求时,就有可能强调自身

---

[1] 杜预注、孔颖达疏:《春秋左传正义》,第1903页。
[2] 王明珂:《华夏边缘——历史记忆与族群认同》,第178页。

的华夏血缘并认同华夏；而当其与华夏政治关系疏远时，则有可能不再重视与华夏的血缘联系，从而不认同华夏。政治利益影响着夷狄对自身华夏血缘的认识，影响着他们是否认同华夏。

同样，作为夷狄认同华夏的另一重要依据的文化，也常常受到政治的影响。政治利益可以影响到夷狄是否接受华夏文化，从而影响着夷狄是否认同华夏。一方面，良好的政治关系有利于夷狄和华夏相互交流，从而使夷狄认可和接受华夏文化，并认同华夏。楚国在春秋时期逐渐接受华夏文化并认同华夏，这一过程与楚国在政治上与华夏的亲近是一致的。从楚成王开始"结旧好与诸侯,使人献天子"[1]，意味着楚承认周天子的权威，并与华夏诸侯国发生联系；尽管华夏诸侯国仍然视其为蛮夷，但是楚国已开始逐渐进入华夏的政治生活，这为后世楚人认同华夏奠定了基础。不仅楚国如此，从春秋到战国时期，诸多夷狄逐渐华夏化的过程固然与他们接受华夏文化有关，然而他们之所以有机会接触华夏文化，除了族群间的日常交流外，

---

[1] 司马迁：《史记·楚世家》，第1697页。

六、论先秦时期夷狄认同华夏的观念

更是因为在争霸战争中,晋国等华夏诸侯国逐渐扩张政治版图,夷狄被纳入华夏的统治范围。另一方面,实际上已接受华夏文化的夷狄,在利益驱动下也可能否认接受华夏文化的经历,从而不认同华夏。如戎子驹支本人深受华夏文化影响,对华夏文化有深入了解,但在晋人指责姜戎是"言语泄露"的罪魁祸首时,戎之驹支为了避免此嫌疑,有意强调姜戎与华夏的文化差异,以此证明姜戎并不属于华夏,最终达到为自己辩护的目的。这正反两方面的例子,并不是说政治利益是决定夷狄是否接受华夏文化的唯一因素,但不可否认,政治因素极大地影响了他们对自身和华夏文化差异的认识,从而影响他们是否认同华夏。

在夷狄认同华夏的过程中,文化的地位较血缘重要。而政治发挥的作用常比血缘、文化等因素更为重要,能够影响夷狄对华夏的血缘、文化的认识,进而影响着夷狄认同华夏。文化之所以具备重要地位,而政治能够发挥更重要作用,重要原因之一就是华夏共同体的特殊性质。

华夏是历史中形成的政治共同体。至迟从西周开始,华夏就形成了具有天下共主的政治结构。周天子是华夏共同认可的最高统治者,其下统辖有姬姓以及姜姓、任姓、姒姓等贵族,他们以周王室为核心,通过血缘、联姻等纽带凝聚成一体。天子有权统辖贵族,但其统治也有赖于诸侯的藩卫,同时,各诸侯国是周政权的重要组成部分,他们服从周天子的命令,其合法性有赖周天子的认可。在共同利益之下的共同体具有一定的稳定性。共同体内部的人群对该共同体保持认同,而共同体之外的人群则会被视为不同的人,即所谓的夷狄。故最初的夷夏之别,正是由政治而非血缘所决定。随着共同体的形成,华夏内部也产生了共有的礼乐文明。孔子曰:"殷因于夏礼,所损益,可知也。周因于殷礼,所损益,可知也。其或继周者,虽百世可知也。"[1]这段话虽然指出华夏的礼具有时代上的先后继承性,但夏、商统治集团的后裔成为华夏政治共同体的重要成员,统一的华夏礼自然是内部融合的产物。同时,作为华夏文化代表的乐也具有不同地域和人群的文化相融合的特征。[2]

---

[1] 何晏集解、邢昺疏:《论语正义》,《十三经注疏》,第2463页。
[2] 陈致:《从利益化到世俗化——〈诗经〉的形成》,上海古籍出版社,2009年,第265—271页。

六、论先秦时期夷狄认同华夏的观念

产生于华夏政治共同体内部的礼乐文明具有强烈的政治功能。[1]《左传》曰:"礼,经国家,定社稷,序民人,利后嗣者也。"《礼记》也提到"是故礼者,君之大柄也,所以别嫌明微,傧鬼神。考制度,别仁义,所以治政安君也"[2]。维护周天子的统治,就是维护华夏的统治,华夏的礼乐文明承担了维护华夏政治结构的功能。具体而言,礼乐文明中最重要的是周初确立的宗法、分封等制度。[3]宗法制明确了华夏成员的尊卑亲疏关系;而分封制明确了天子与其他贵族的权利义务。它们确定了华夏内部的等级秩序,巩固了华夏的统治。华夏的文化和政治存在密切的联系,当夷狄接受了华夏的文化,就意味着其承认华夏的政治结构,也由此认同华夏。

自春秋之后,华夏内部也出现了王室实力削弱、贵族力量壮大,以致权力下移的现象,由"礼乐征伐自天子出"到"礼乐征伐自诸侯出",以致"陪臣执国

---

[1] 陈来:《古代思想文化的世界》,生活·读书·新知三联书店,2009年,第265—271页。
[2] 杜预注、孔颖达疏:《春秋左传正义》,第1736页;郑玄注、孔颖达正义:《礼记正义》,第1418页。
[3] 王国维:《殷周制度论》,收入《观堂集林》,1959年,第453—467页。

命",表明原有政治结构不断遭到破坏。不过,现实政治的改变并不意味着传统观念的完全消失,原有的历史意识在此过程中被保留下来。即使在战国时期,当周王室权威尽失,诸侯国争霸之时,存在天下共主的政治结构仍然被华夏所认可,甚至逐渐为夷狄所接受,同样被认可和接受的还有华夏文化对维系政治结构的作用。即使是夷狄,只要接受了华夏文化,就会认同华夏的政治结构,并认同华夏;而他们的华夏身份也会得到华夏成员的认可。正是上述原因构成了先秦时期夷狄认同华夏观念中血缘、文化、政治之间的特有作用和相互关系,这对后世认同华夏的观念以及华夷之分观念有着深远的影响。

七、古希腊人、先秦华夏人之异族观念的比较

古代希腊人与先秦华夏人重视自身和异族在血缘、文化等领域的区别。在文献中,古代希腊和中国先秦时期(包括华夏和夷狄视野下的认同)的文献表明,血缘、文化、政治因素均在其区分自我和他者的过程中发挥着作用,影响了他们对异族的认识。而其中文化因素在双方族群识别中均发挥重要作用,血缘的地位则日益削弱(华夏始终较轻视血缘因素的影响)。由于文化可以通过后天学习,因此在现实中希腊人与蛮族、华夏人与夷狄的相互转化均是可能的。

然而,进一步分析,我们会看到,双方对族群识别的认识存在着较大差异,并对古希腊与中国的历史产生了深远影响。

古代希腊与中国的"他者"意识

首先，在希腊人与蛮族区分中，血缘、文化与政治有一定联系，在希腊人政治势力扩张的同时，希腊人与蛮族的血缘、文化交流广泛，希腊人也更容易认同那些学习自身文化、与自身通婚的蛮族。但由于希腊人并未形成政治共同体，其文化、血缘并非其政治统治的反映，与政治相分离，因此接受希腊人的政治统治，与接受希腊人的文化等并不具有天然的对应关系；认可希腊人统治的蛮族，未必接受希腊人的文化，也不会自然转化为希腊人。其次，希腊人与蛮族区别中，文化的内涵较为丰富，既包括语言、风俗习惯，也包括宗教信仰，而从古典时代之后，希腊人和蛮族在德行方面的区别，如是否节俭、勇敢，是否具有自由等，更受到希腊人的重视。最后，在希腊人与蛮族的交往中，一部分蛮族学习希腊文化，实现了向希腊人的转化；也有希腊人因为抛弃希腊文化而丧失了希腊认同。

尽管人群间的相互转化真实存在，但希腊人并未对此现象作理论论证，也很少有人明确放弃血缘对区别希腊人和蛮族的作用，这导致在现实中，学习、接受希腊文化与是否具有希腊认同、是否被希腊人所接

七、古希腊人、先秦华夏人之异族观念的比较

受并不必然相关。有些效法希腊文化的蛮族,并不具备希腊认同,更不一定为希腊人所接受。典型的例子是,希腊化时期接受希腊人语言的蛮族很多,但并非都转化为希腊人。因此,希腊人与蛮族的相互转化只能是一种可能,而非必然;二者的族属转化也未成为普遍现象。至少在观念上,希腊人和蛮族的对立状态未被彻底打破。

华夏对华夷区别之认识则与此不同,尽管在本书主要讨论了所谓夷狄视野下的华夏认同,但对进一步了解华夏视野下的华夷之别也有意义。第一,华夏的政治与文化关系密切。华夏最初是政治共同体,华夏的礼乐文明也具备极强的政治功效,这一点为先秦华夏人所认可,礼乐制度具有维护统治、安定社会秩序的政治功能。它们确定了华夏内部的等级秩序。这一点甚至影响到所谓的夷狄,是否认可华夏文化,取决于是否认可华夏政治统治,二者难以分割。而对华夏血统的认可,也往往与认可华夏政治有关。春秋时期原本被视为夷狄的吴国贵族,春秋后期与华夏政治亲近,不但学习华夏文化,而且自称吴太伯之后,此血缘也得到华夏的认可。第二,尽管可以对"礼别华

夷"有不同理解,有时华夏关注的文化区分也包括语言等因素,如孟子称楚人为"南蛮鴂舌之人,非先王之道",[1] 但鉴于礼乐文明与政治制度的密切关系,华夏和夷狄的文化区别主要在于是否接受华夏的礼乐制度。第三,由于夷夏之分在于文化,华夏人从理论上论证了夷夏转化的可能性,承认接受华夏文化的夷狄即是华夏,而放弃华夏文化的人,无论其出身如何,都成为夷狄,使得华夏和夷狄之间并无绝对的界限,更使得华夏共同体具有了极大的包容性,可以接受夷狄向自身转化。这促成了先秦时期被华夏征服的夷狄逐渐融入华夏之中,成为华夏的成员,也促使司马迁的《史记》不仅将吴、越等诸侯国视为黄帝之后,更将匈奴祖先也列入黄帝之后,塑造了囊括夷夏的黄帝谱系。[2]

而更进一步言之,这种区别的产生,与血缘、政治等因素在希腊、华夏所发挥的作用有关系。

不能否认的是,血缘很早就对希腊人的自我认同

---

[1] 《孟子·滕文公上》,《十三经注疏》本,第2706页。
[2] 司马迁《史记·匈奴列传》载:"匈奴,其先祖夏后氏之苗裔也,曰淳维。"见《史记》,第2879页。

七、古希腊人、先秦华夏人之异族观念的比较

和蛮族观念发挥着影响,例如希腊人较早形成了共同的血缘意识。《伊利亚特》中希腊联军自称为"阿卡亚人的子孙"已经初步具备了血缘观念,而将希腊各部族纳入统一血缘体系则有赖于希伦父子谱系的构建,据公元前6世纪的《名媛录》记载:希伦和妻子有三子,其后代分别成为了多里安人、埃奥里亚人、阿卡亚人、伊奥尼亚人的名祖(Eponym),该谱系以希伦为纽带,将希腊人连为一体。在谱系形成后,其祖先是否出现于该谱系之中,就成为判定是否为希腊人的重要依据。希伦父子谱系之外的人群往往被视为蛮族。而谱系形成后具有强大的惯性,能够得以长时间保留,甚至能够在一定程度上抵抗现实中的血缘与文化融合。希腊化时代的某些地区,如美索不达米亚,希腊人与蛮族通婚的后代通常被视为蛮族而非希腊人,其名称常带有贬义。这些人是混血后代,希腊人与异族的通婚已成为现实,但他们又被视为蛮族并受到歧视,这是希腊人对非希腊血统歧视的延续。当然,随着时代推移以及希腊人与异族更广泛的文化交流,血缘观念所受到的冲击也越发明显,导致了它在蛮族观念中地位的下降。而与希腊人的蛮族观念相比,血缘在华

夷之分中并不重要。尽管历史上以黄帝为共祖的观念影响深远，但该谱系较完整的形态却出自汉代司马迁《史记·五帝本纪》。该篇源于《世本》等材料，《世本》提到，"黄帝生玄嚣，玄嚣生侨极，侨极生帝喾"，又称"帝喾卜其四妃之子，皆有天下。元妃有邰氏之女，曰姜原，生后稷，次妃有娀氏之女，曰简狄，生契，次妃陈酆氏之女，曰庆都，生帝尧，次妃訾陬氏之女，曰常仪，生帝挚"，又称"黄帝生昌意，昌意生颛顼，颛顼生鲧"[1]。该文献中，夏商周统治者的祖先均为黄帝。但《世本》等为战国材料，而在《山海经》等文献中，黄帝则仅为传说中的人物，并非华夏祖先。[2] 因此，黄帝为华夏共祖的思想可能萌生于战国时期，是稳定的华夏共同体的产物。此外，西周以来虽逐渐产生了夏商周的历史文化认同，但在春秋及更早文献中，夏人、商人、周人和其他后来被视为华夏的人群具有血缘联系的观念并不显著，相反，华夏内部的血缘差异

---

[1] 《世本八种》，中华书局，2008年，第6—7页。
[2] 据《山海经》所载："东海之渚中有神，人面鸟身，珥两黄蛇，践两黄蛇，名曰禺虢。黄帝生禺虢，禺虢生禺京。"黄帝似非人类。见袁珂：《山海经校注》，巴蜀书社，1993年，第403页。

七、古希腊人、先秦华夏人之异族观念的比较

却较为突出,"周之宗盟,异姓为后"即是此现象的表现。与上述情形对应的是,至迟在春秋的文献中,华夏的自我认同以及与夷狄对立的意识已极为强烈,故华夏的血缘联系意识出现较晚,对春秋时期的华夷对立而言,其影响亦有限。

而从更深层次原因看,政治则发挥着深刻影响。希腊人在历史上未能形成统一的国家,各城邦在具有希腊认同的同时,政治上保持独立,其各自的政治利益乃至不同人物的政治立场都可能影响他们对希腊人与蛮族区分的认识;另外,即使在亚历山大征服东方后,希腊人和希腊化的马其顿人成为东方的统治者,希腊文化在东方广为传播,但希腊人和蛮族的政治差异仍然存在,希腊人并未能够实现与蛮族的政治融合,这使得希腊人与蛮族的对立难以真正消除,族群间的界限并未能够彻底打破,族属转化后的希腊人受到歧视即是一例。

而在古代中国,华夏共同体最初的联系来自政治认同。早在周人建政之初,通过重视祭祀、分封等方式,形成了以周天子为核心稳定的共同体,这成为后来华

夏的雏形。[1] 与之对应的是，夷夏对立在西周时期也已存在，由于周政权和周天子的存在，此对立在华夏方面，有政治实体作为依托；而华夷之间的冲突主要为夷与周集团的政治冲突，一些学者通过其他金文材料，证明西周时的华夷之分主要为政治集团、政治地位的对立。[2] 也有的学者认为，西周时期华夷之分为阶级之分。[3] 尽管其立足点有所不同，但均认为此时华夷的对立主要体现为政治的差异。即使在春秋时期，当周天子实力下降之时，华夏内部仍在观念上将其视为共同体的核心，这保证了华夏共同体的相对稳定；而处于华夏共同体之外，与其利益不一致的人群，则被视为夷狄。但在政治对立之下，华夏也不排斥与夷狄政治上的联系。华夏自认为地位高于夷狄，对夷狄拥有统治的权力，因而认可夷狄与自我处于同一统治秩序之内。《左传》记载了周人对西周时期自身势力范围的回忆，曾提及"我自夏以后稷，魏、骀、芮、岐、毕，

---

[1] 许倬云：《西周史》，第 158 页。
[2] 沈长云：《由史密簋铭文论及春秋时期的夷夏之辨》，《河北师范学院学报》1994 年第 3 期。
[3] 陈致：《夷夏新辨》，《中国史研究》2004 年第 1 期。

七、古希腊人、先秦华夏人之异族观念的比较

吾西土也。及武王克商,蒲姑、商奄,吾东土也;巴、濮、楚、邓,吾南土也;肃慎、燕、亳,吾北土也。"[1] 其中,"四土"的某些疆域,如肃慎等,已经超出了传统上华夏的居住区,表明夷狄被纳入了华夏的控制范围。类似的将夷狄纳入华夏控制范围的观念,也出现在《尚书·禹贡》等文献中。尽管在这些文献中,夷狄的身份仍然低于华夏,但的确被视为华夏统治下的人群,双方处于一个大的政治格局之内,这为二者的转化提供了可能。

总之,在古希腊人与蛮族关系中、先秦华夏人与夷狄关系中,血缘、文化、政治相互联系,影响着他们与异族的划分,且两种异族观念中三种因素的作用均在不断发生变化,这是它们之间的重要相似之处。但三种因素在两种异族观念中所发挥的作用又有所不同,这与古代希腊人、华夏人各自的内外关系有关,也与三因素在其自我认同和异族观念形成与发展中的特征有关。由此形成的两种异族观念,在古代中西方

---

[1] 杜预注、孔颖达疏:《春秋左传正义》,第 2056 页。

历史上形成了深远影响。由于政治、血缘等因素的限制,古希腊人在观念上很难完全突破自身和蛮族的界限。而在中国的族群观念中,华夏和夷狄处于同一政治体系中,二者的差异主要为文化差异,但夷狄可学习华夏文化并转化为华夏,反之亦然。此类族属转化不仅存在于现实中,且在观念上被华夏所认可。对后世而言,在中国历史上少数民族政权入主中原之后,虽然成为统治者,但往往接受华夏文化,并产生华夏认同,同时他们的身份也逐渐得到华夏的认可。在中国古代,华夏和夷狄对立观念虽长期存在,但华夏和夷狄的界限却并不固定,这缓解了历史上华夏与其他族群的矛盾,促进了华夏共同体不断扩大,对形成中华民族的结构有重要意义。

参考资料

中文参考资料

[1] 荷马:《伊利亚特》,罗念生、王焕生译,上海:上海人民出版社,2004年。

[2] 荷马:《奥德赛》,王焕生译,北京:人民文学出版社,1997年。

[3] 希罗多德:《希罗多德历史》,王以铸译,北京:商务印书馆,1959年。

[4] 修昔底德:《伯罗奔尼撒战争史》,谢德风译,北京:商务印书馆,1960年。

[5] 色诺芬:《长征记》,崔金戎译,北京:商务印书馆,1985年。

［6］ 亚里士多德:《亚里士多德全集》，苗力田译，北京：中国人民大学出版社，1997年。

［7］ 郭沫若等:《甲骨文合集》，北京：中华书局，1978—1982年。

［8］ 上海古籍出版社编:《十三经注疏》，上海：上海古籍出版社，1997年。

［9］ 徐元诰:《国语集解》，北京：中华书局，2002年。

［10］ 宋衷注:《世本八种》，北京：中华书局，2008年。

［11］ 李学勤主编:《清华大学藏战国竹简（壹）》，上海：中西书局，2010年。

［12］ 苏舆:《春秋繁露义证》，北京：中华书局，2002年。

［13］ 司马迁:《史记》，北京：中华书局，1959年。

［14］ 班固:《汉书·艺文志》，北京：中华书局，1962年。

［15］ 韩愈:《韩昌黎全集》，上海：世界书局，1935年。

［16］ 阮元编:《清经解》，苏州：凤凰出版社，2005年。

［17］ 刘文淇:《春秋左氏传旧注疏证》，北京：科学出版社，1959年。

［18］ 王聘珍:《大戴礼记解诂》，北京：中华书局，2004年。

[19] 泷川资言、水泽利忠:《史记会注考证附校补》,上海:上海古籍出版社,1986年。

[20] 陈恒:《希腊化研究》,北京:商务印书馆,2006年。

[21] 陈致:《从利益化到世俗化——〈诗经〉的形成》,上海:上海古籍出版社,2009年。

[22] 陈来:《古代思想文化的世界》,北京:生活·读书·新知三联书店,2009年。

[23] 顾颉刚:《史林杂识初编》,北京:中华书局,1963年。

[24] 顾颉刚、刘起釪:《尚书校释译论》,北京:中华书局,2005年。

[25] 胡厚宣:《甲骨学商史论丛初集》,石家庄:河北教育出版社,2002年。

[26] 刘家和:《古代中国与世界》,北京:北京师范大学出版社,2010年。

[27] 钱穆:《国史大纲》,北京:商务印书馆,1996年。

[28] 汪子嵩等:《希腊哲学史》,北京:人民出版社,1997年。

[29] 王国维:《观堂集林》,北京:中华书局,1959年。

[30] 王明珂:《华夏边缘——历史记忆与族群认同》,北京:社会科学文献出版社,2006年。

[31] 王明珂:《英雄祖先与弟兄民族》,北京:中华书局,2009年。

[32] 王玉哲:《古史集林》,北京:中华书局,2002年。

[33] 先秦史学会:《夏史论丛》,济南:齐鲁书社,1985年。

[34] 徐晓旭:《古代希腊民族认同的形成》,上海:复旦大学博士后出站报告,2003年。

[35] 许倬云:《西周史》,北京:生活·读书·新知三联书店,2012年。

[36] 杨伯峻:《春秋左传注》,北京:中华书局,1990年。

[37] 杨筠如:《尚书覈诂》,西安:陕西人民出版社,1959年。

[38] 于省吾:《中华学术论文集》,北京:中华书局,1981年。

[39] 袁珂:《山海经校注》,成都:巴蜀书社,1993年。

[40] 陈致:《夷夏新辨》,载《中国史研究》,2004年第1期。

[41] 董治安:《从左传国语看"诗三百"在春秋时期的流传》,见山东大学古籍整理研究所编《古籍整理研究论丛》,济南:山东大学出版社,1991年。

[42] 何介钧:《关于楚蛮和楚族族源的断想》,见《湖南先秦考古学研究》,长沙:岳麓书社,1996年。

[43] 李华:《简论九鼎与天命观思想》,载《理论学刊》,2014年第10期。

[44] 李学勤:《论清华简〈楚居〉中的古史传说》,载《中国史研究》,2011年第1期。

[45] 李守奎:《论〈楚居〉中季连与鬻熊事迹的传说特征》,载《清华大学学报》,2011年第4期。

[46] 刘家和:《关于中国古代民族关系特点的几点思考》,载《河北学刊》,2006年第3期。

[47] 沈长云:《由史密簋铭文论及春秋时期的夷夏之辨》,载《河北师范学院学报》,1994年第3期。

[48] 沈长云:《说"夏族"——兼及夏文化研究中一些亟待解决的认识问题》,载《文史哲》,2005年第3期。

[49] 唐兰:《宜侯夨簋考释》,载《考古学报》,1956

年第 2 期。

[50] 王德华:《楚庄王的霸业与楚国的出路——楚民族政治理性与民族个性精神的双重提升》,载《史学月刊》,2002 年第 10 期。

[51] 王玉哲:《先周族最早来源于山西》,载《中华文史论丛》,1982 年第 3 期。

[52] 巫鸿:《九鼎传说与中国古代的"纪念碑性"》,载《美术史研究》,2002 年第 1 期。

[53] 徐锡台:《早周文化的特点及其渊源的探索》,载《文物》,1979 年第 10 期。

[54] 徐晓旭:《马其顿帝国主义中的希腊认同》,载《世界历史》,2008 年第 4 期。

[55] 徐晓旭:《古代希腊民族认同中的各别主义与泛希腊主义》,载《华中师范大学学报》,2008 年第 4 期。

[56] 徐中舒:《徐中舒历史论文选辑》,北京:中华书局,1998 年。

[57] 杨宽:《中国上古史导论》,见吕思勉、童书业编著《古史辨》第七册上,上海:上海古籍出版社,1982 年。

[58] 易宁:《中国古代历史认同观念的滥觞——〈尚书·周书〉的历史思维》,载《史学史研究》,2010年第4期。
[59] 张其贤:《"中国"概念与"华夷"之辨的历史探讨》,台湾大学博士报告,2009年。

英文参考资料

[1] Aeschylus, *Persians*.
[2] Anacreon, *Greek Lyric*.
[3] Aristotle, *Politics*.
[4] Aristotle, *Constitution of the Athenians*.
[5] Arrian, *Anabasis of Alexander*.
[6] Diodorus, *Library*.
[7] Herodotus, *The Histories*.
[8] Homer, *The Iliad*.
[9] Isocrates, *Panegyricus*.
[10] Plato, *Menexenus*.
[11] Plutarch, *De Herodoti Malignitate*.
[12] Sextus Empiricus, *Against the Logicians*, Harvard

University Press.

[13] Strabo, *The Geography of Strabo*.

[14] Thucydides, *History of the Peloponnesian War*.

[15] Barth, F., ed., 1969. *Ethnic Groups and Boundaries*. Boston.

[16] Bilde, P., Troels Engberg-Pedersen, Lise Hannestad, and Jan Zahle, eds., 1992. *Ethnicity in Hellenistic Egypt*. Aarhus.

[17] Billows, R.A. 1995. *Kings and Colonists, Aspects of Macedonian Imperialism.* Leiden; New York.

[18] Burkert, W. 1985. *Greek Religion.* Cambridge, Mass.

[19] Burstein, S.M. 1985. *The Hellenistic Age from the Battle of Ipsos to the Death of Kleopatra* Ⅶ. Cambridge.

[20] Chamoux, F. 2003. *Hellenistic Civilization.* Malden, Mass.

[21] Coleman, J.E., and Walz, Clark A., eds., 1997. *Greeks and Barbarians. Essays on the Interactions Between Greeks and Non-Greeks in Antiquity and the Consequences for Eurocentrism.* Bethesda, Md.

[22] Derks, T. and Roymans, N., ed., 2009. *Ethnic Constructs in Antiquity*. Amsterdam.

[23] Erskine, A. 2009. *A Companion to the Hellenistic World*. Malden, Mass.

[24] Geertz, C., ed., 1963. *Old Societies and New States*. Chicago.

[25] Goudriaan, K.1988. *Ethnicity in Ptolemaic Egypt*. Amsterdam.

[26] Gruen, E. 2011. *Rethinking the Other in Antiquity*. Princeton.

[27] Hall, E. 1989. *Inventing the Barbarian, Greek Self-Definition Through Tragedy*, Oxford; NY.

[28] Hall, J.M. 1997. *Ethnic Identity in Greek Antiquity*. Cambridge; NY.

[29] Hall, J.M. 2002. *Hellenicity*. Chicago.

[30] Harrison, T., ed., 2002. *Greeks and Barbarians*. Edinburgh.

[31] Hartog, F. 1988. *The Mirror of Herodotus: The Representation of the Other*. Berkeley.

[32] Hengel, M. 1980. *Jews, Greeks, and Barbarians:*

Aspects of the Hellenization of Judaism in the Pre-Christian Period. Philadelphia.

[33] Horrocks, G. C. 1997. *Greek: A History of the Language and Its Speakers.* London.

[34] Jacobsen, A.B., ed., 1994. *Proceedings of the 20th International Congress of Papyrologists, Copenhagen, 23–29 August, 1992.* Copenhagen.

[35] Johnson, J.H., ed., 1992. *Life in a Multicultural Society : Egypt from Cambyses to Constantine and Beyond.* Chicago.

[36] Karn, C.H. 1979. *The Art and Thought of Heraclitus.* Cambridge.

[37] Karttunen, K. 1997. *India and the Hellenistic World.* Helsinki.

[38] Krik, G.S. 1985. The *Iliad Commentary*, Cambridge; NY.

[39] Liddell, H.G. and Scott, R.1996. *Greek-English Lexicon, with a Revised Supplement.* Oxford.

[40] Malkin, I., ed., 2001. *Ancient Perceptions of Greek Ethnicity*, Washington, D.C.; Cambridge,

Mass.

[41] Mikalson, J. 2010. *Ancient Greek Religion*. Chichester, West Sussex.

[42] Mitchell, L.G. 2007. *Panhellenism and the Barbarian in Archaic and Classical Greece*, Swansea; Oakville, CT.

[43] Olmstead, A.T.E. 1948. *History of the Persian Empire*. Chicago.

[44] Cartledge, P. 2002. *The Greeks: A Portrait of Self and Others*. Oxford ; New York.

[45] Smith, A.D. 1986. *The Ethnic Origins of Nations*. Oxford; NY.

[46] Tarn, W.W. 1933. *Alexander the Great and the Unity of Mankind*. Oxford.

[47] Tarn, W.W. 1952. *Hellenistic Civilization*. London.

[48] Thomsen, R. 1972. *The Origin of Ostracism*. Kobenhavn.

[49] Walbank, F.W. 1993. *Hellenistic World*. Cambridge, Mass.

[50] West, M.L. 1985. *The Hesiodic Catalogue of*

Women: Its Nature, Structure, and Origins. Oxford; NY.

[51] Avi-Yonah, A. 1978. *Hellenism and the East: Contacts and Interrelations from Alexander to the Roman Conquest*. Ann Arbor.

[52] Zacharia, K., ed., 2008. *Hellenisms: Culture, Identity and Ethnicity from Antiquity to Modernity*. Aldershot.

[53] Goldhill, S., "Battle Narrative and Politics in Aeschylus' Persae", *The Journal of Hellenic Studies*, Vol. 108 (2002).

[54] Gow, A. S. F., "Notes on the Persae of Aeschylus", *The Journal of Hellenic Studies*, Vol. 48, Part 2 (1928).

[55] Jannaris, A. N., "The True Meaning of the Κοινή", *The Classical Review*, Vol. 17, No. 2 (1903).

[56] Nussbaum, Martha C., "Ψyxh in Heraclitus", Ⅰ, *Phronesis*, Vol.17, No.1 (1972).

[57] Perlman, S., "Panhellenism, the Polis and

Imperialism", *Historia*, 25 (1976).

[58] Redfield, J., "Herodotus the Tourist", *Classical Philology*, Vol. 80, No. 2 (2002).

[59] Rollo, W. M., "Nationalism and Internationalism in the Ancient World", *Greece & Rome*, Vol. 6 (1973).

[60] Smith, Jonathan Z., "Native Cults in the Hellenistic Period", *History of Religions.* Vol. 11, No. 2 (1971).

[61] Walbank, F. W., "The Problem of Greek Nationality", *The Phoenix*, Vol. 5, No. 2 (1951).

[62] Weidner, E., "βάρβαρος", *Glotta*, 4. Bd., 3. H. (1913).

[63] Wells, J., "Herodotus and Athens", *Classical Philology*, Vol. 23, No. 4 (1928).